Carmen Reiss
Mein Weg nach Tamera – Pilgern auf dem Jakobsweg

AF284562

Mein Weg nach Tamera – Pilgern auf dem Jakobsweg
1. Auflage 2016 © Carmen Reiss |united p.c. Verlag
Überarbeitete Neuauflage 2021 © Carmen Reiss
Herstellung und Verlag: BoD – Books on Demand, Norderstedt
Umschlaggestaltung: Carmen Reiss
Umschlagfotos © Carmen Reiss

ISBN 9783753424866

Bibliographische Information der Deutschen Nationalbibliothek

Die Deutsche Nationalbibliothek verzeichnet diese Publikation in der
Deutschen Nationalbibliographie; detaillierte bibliographische Daten
sind im Internet über dnb.d-nb.de abrufbar.

Carmen Reiss

Mein Weg nach Tamera
Pilgern auf dem Jakobsweg

Eine Frau und ein Pferd
auf der Via Tolosana
von Arles bis Toulouse

„Und ich sah den Himmel aufgetan;
und siehe, ein weißes Pferd.

Und der darauf saß, hieß: Treu und Wahrhaftig,
und er richtet und kämpft mit Gerechtigkeit.
Und seine Augen sind wie eine Feuerflamme,
und auf seinem Haupt sind viele Kronen;
und er trug einen Namen geschrieben,
den niemand kannte als er selbst."

„Und ihm folgte das Heer des Himmels
auf weißen Pferden..."

(Kap 19, 11 - 14.
Die geheime Offenbarung)

Inhaltsverzeichnis

Vorwort 5

Prolog: Es ist Frühling 6

1.9. - 4.9. ✧ Pferdekauf ist Vertrauenssache
1.100 km • Mannheim - Le Grau du Roi 10

5.9. ✧ „Jetzt geht's los, jetzt geht's los"
45 km • Le Grau du Roi – Grabels 21

6.9. ✧ Am Anfang war das Wort...
15 km • Grabels - La Boissière 24

7.9. ✧ Unterwassermühlen mahlen langsam
15 km • La Boissière – Moulin de Brunan 32

8.9. ✧ Wenn alle Stricke reißen
4 km • Ruhetag • St. Guilhem le Désert 37

9.9. ✧ Das Geisterhaus
12 km • St. Guilhem le Désert – Arboras 41

10.9. ✧ The long and winding road
15 km • Arboras - Vor Lodève 46

11.9. ✧ Achtzig Meter Elektrozaun
13 km • Vor Lodêve – Le Puech 50

12.9. ✧ Vom rechten Weg
13 km • Le Puech – Dio et Valquières 55

13.9. ✧ Dornen und Disteln
6 km • Dio et Valquières – Boubals 59

14.9. ✧ Die Sintflut
15,5 km • Boubals - St. Gervais sur Mare 63

15.9. ✧ Jakobsmuscheln und Stacheldraht
Ruhetag • St. Gervais sur Mare 66

16.9. ✧ Ob ich schon wanderte im finstern Tal
26,5 km • St. Gervais sur Mare - Murat sur Vèbre 69

17.9. ✧ Geradenwegs zu den Pilzen
24 km • Murat sur Vèbre - La Salvetat sur Agout 72

18.9. ✧ Anglès
24 km • La Salvetat sur Agout – Hinter Anglès 75

19.9. ✧ Géant
29 km • Hinter Anglès – Pioch de Gaîx 76

20.9. ✧ Pioch d'Azou
Ruhetag • Pioch d'Azou 80

21.9. ✧ Das Chalet des Künstlers
28 km • Pioch d'Azou / Castres – Puylaurens 82

22.9. ✧ Ein verwunschenes Schloss
25 km • Puylaurens - Loubens Lauragais 86

23.9. - 29.9. ✧ L'Ecurie du Bousquet
Ruhetage • Loubens Lauragais 88

30.9. ✧ Es geht weiter
7 km • Loubens Lauragais - Le Breil 93

1.10. ✧ In Ulm und um Ulm...
34 km • Le Breil – Fenouillet 97

2.10. ✧ Über die Garonne
20 km • Fenouillet – Pibrac 100

3.10. ✧ Forêt de Bouconne
24 km • Pibrac - L'Isle Jourdain 100

4.10. - 5.10 ✧ Das Jüngste Gericht
Ruhetage • L'Isle Jourdain 101

6.10. ✧ Ich geb auf
62 km • L'Isle Jourdain - Loubens Lauragais 105

7.10. - 13.10. ✧ Die letzten Tage
Ruhetage • Loubens Lauragais 107

14.10. ✧ Heimkehr
1.200 km • Loubens Lauragais – Mannheim 114

Epilog I: Es ist Winter ✧ Es ist Frühling 118
Epilog II Was seither geschah 134

Glossar 139

Bonusmaterial:

Les Chevaliers Cathares.. 141
Die Mitnehmliste/Ausrüstung 146
Pferd – Ausrüstung und Gesundheit 148
Adressen und Websites in der Reihenfolge der Kapitel 151
Der Pilgerpass 161
Pilgersegen 166

Vorwort

Manches liest sich in den heutigen Zeiten von Wander-Navigatoren merkwürdig und ich sehe schon die Fragezeichen aufsteigen: „Was war denn *daran* so schwierig???" „Warum hat sie denn nicht auf dem Navi nachgeschaut?" „Warum hat sie denn nicht einfach mal schnell in Deutschland angerufen?" oder „Warum hat sie sich nicht einfach schnell mit ihrem iPad bei Google-Maps schlau gemacht?"

Deshalb kurz vorab: iPads und richtige Smart-Phones gab es noch nicht, und schon gleich gar nicht für die ordentliche mobile Internetnutzung. Google-Maps wurde 2005 gestartet. Es steckte in Europa zu meinem Pilgerzeitpunkt noch in den Kinderschuhen und war natürlich nur am PC per Kabel zu nutzen. WLan war zu dem Zeitpunkt erst gaaanz langsam auf dem Vormarsch. Die Roaminggebühren für Telefonieren oder SMSen mit deutschem Handy aus dem Ausland nach Hause waren exorbitant (1,99 € pro Minute) und sowieso gab es überall „Funklöcher". Mobile Navis kamen für Otto-Normalverbraucher gerade erst fürs Auto in Mode.

Auch wenn es heute unvorstellbar scheint, es gab sogar mal Zeiten ganz ohne Handys und email: „Noch vor 15 Jahren waren Festnetztelefone die Regel und Handys die Ausnahme" (Der Spiegel, Artikel vom 12.11.2013) Und Anfang 2000 hatten erst ca. 16 % der Haushalte einen Internetanschluss. Verkabelt, wohlgemerkt! (Stern, Artikel vom 21.12.2004)

Farbige Fotos und weitere Infos auf:
jakobsweg-nach-tamera.jimdofree.com

Prolog

„Wenn ich das vorher gewusst hätte..."

oder

„Wo kämen wir hin, wenn alle sagten, wo kämen wir hin,
und niemand ginge um zu sehen, wohin man käme, wenn man ginge."
(Kurt Marti)

Es ist Frühling.

Vor mehr als sechs Jahren habe ich meine Beschäftigung als Chefsekretärin eines Gastronomieunternehmens im Rhein-Neckar-Delta aufgenommen. Habe dessen Verwaltung entwickelt und mit besten Kräften dabei mitgewirkt, das Imperium aufzubauen. Aus einem Rumpelkammer-Mini-Büroraum ist das Oberstübchen mit 4 Büros geworden, eine eigene Abteilung für Catering, eine eigene Abteilung für Medien-Design und Marketing.

Es ist Frühling.

Vor 13 Jahren war ich das erste Mal in der Camargue - dem Rhone-Delta im Süden Frankreichs. Was als Strand-Sonne-Sand-Urlaub für gestresste Alleinerziehende anfing, entwickelte sich zu einer der wichtigsten Inspirationen meines Lebens. Mein erster Ausritt (ich konnte eigentlich nicht reiten) führte an den Leuchtturmstrand „La Plage de L'Espiguette". Vor der Galoppstrecke fragte der Guide (Rittführer): „Und, wer will galoppieren?" Ähem, was jetzt? Aber er hatte ja „will" gesagt und wollen tat ich, also Hand hoch! „Wer ist schon mal galoppiert?" Hier die Hand auf Halbmast, das war 20 Jahre her und wenn ich gewusst hätte, was kommt, hätte ich mein Jugenderlebnis zu Pferd nicht annähernd galoppieren genannt! Dann erklärte er noch kurz, wie man's macht - zurücklehnen, Füße fest in die Steigbügel, Zügel lang lassen, vorne unter den Sattel greifen und erst am Ende der Galopppiste das Pferd bremsen. Aha, ok.

Mein Pferd ging ab wie eine Rakete (deshalb das unter-den-Sattel-Greifen!). Geschwindigkeitsrausch pur, Sandbrocken im Gesicht, Wind braust. Galopprennen. MannMannMann, da war es schon vorbei...

Und niemals werde ich die „Matinée Camargue" zu zweit vergessen. Vier Stunden ich allein mit Pierre, dem Guide, durch die Camargue. Vier Stunden am Strand, am Meer, durch die Dünen und durchs Gestrüpp. Wildzerfetzte Wolken am Himmel, peitschender Wind, die Galopppiste ein flacher See. Und dann plötzlich die Sonne und kleine Regenbögen vor mir im aufspritzenden Wasser um die Hufe des anderen Pferdes.

Es ist Frühling.

Vor knapp zwei Jahren war ich das erste Mal in Tamera. Ein Heilungsbiotop im Süden Portugals, von deutschen Visionären dort errichtet und seit 1996 in ständiger Entwicklung und Forschung begriffen. Thema ist alles, was das Glück eines Menschen ausmacht: Liebe und Beziehung, Ökologie, alternative Energien, Friedensarbeit, Spiritualität, Tiere (auch Pferde)... Welcher Geist dort weht, das war, was ich wissen wollte. Und nach ein paar Tagen morgens: Aufwachen und dieses Gefühl, verliebt zu sein, das einen trägt, den ganzen Tag. Dabei gar nicht in jemanden verliebt, sondern einfach so. Man fängt von innen heraus an zu strahlen.

Es ist Frühling. Wie bringe ich nun Oberstübchen und Imperium, Leuchtturm und Regenbogen, Leuchten und Visionen unter einen Hut?

Pferdekauf ist Vertrauenssache

1.000 km • Mühlhausen im Kraichgau - Fos sur Mer

„Darum werft euer Vertrauen nicht weg, welches eine große Belohnung hat."
(Hebr 10,35)

Freitag, 1. September bis Samstag, 2. September ✧ Es ist Freitag, Mühlhausen im Kraichgau. Ich sitze neben Christine im Van, Rudolf fährt, im Rückspiegel sehe ich den Pferdehänger. Wir sind auf dem Weg und es wird gerade dunkel.

Fr 1.9. 20:08 Uhr - Abfahrt ins Abenteuer...

Ich hatte die beiden vor Jahren in der Camargue bei einem „Parcours du Pays"-Wettbewerb kennengelernt. Das war, als Dorian auf Palunier, dem Camarguewallach, wie ein junger Gott mit solch einer Begeisterung ritt, dass am Ende alle johlten und klatschten. - Normalerweise wird bei diesen Veranstaltungen erst bei der Preisverleihung geklatscht. Und wir hatten uns damals gewundert, dass man erst 1.000 km fahren muss, um Leute kennenzulernen, die nur ein paar Kilometer entfernt wohnen. Ich: Mannheim, Rudolf und Christine: eben Mühlhausen im Kraichgau.

Meine positive Reit- und Pferdeerfahrung setzt sich aus dem zusammen, was ich seit 13 Jahren in der Camargue darüber gelernt habe, vermischt mit ein bisschen Monty Roberts und Ferdinand Hempfling, und verschiedenen Tagesritten im Westernstil mit dem Ludwigshafener Gebrüder-Seipp-Duo. Meine negative Erfahrung war die Araberstute Brenda, die mich nach Jahren des absoluten Vertrauens in mich und die Pferde ein paar Monate lang ein Fürchten lehrte, das ich bisher nie wieder ganz losgeworden bin. Von Pferdegesundheit, -hufen, -ernährung, -ausrüstung und möglichen anderen Nebensächlichkeiten habe ich so gut wie keine Ahnung. Auch nicht von des Müllers Lust des Wanderns - ich gehe normalerweise ungern zu Fuß. Um mich für die Anstrengung und das

Di 22.8. - Das Zelt in der Testphase

wechselnde Wetter zu trainieren, bin ich seit zwei Monaten täglich ca. 23 km mit dem Rad ins Büro gefahren und natürlich auch wieder nach Hause.

Meine Anstellung ist gekündigt, von Sohn (17) und Hund (13) habe ich mich grade verabschiedet. CaraMia saß in ihrer Ecke, wie immer, wenn sie nicht mitkommen darf. Sie hat inzwischen schon überall graue Haare und auch etwas trübe Augen. Ich rede ihr ins Gewissen, dass sie durchhalten soll und auch wenn ich lange fort bin, werde ich wiederkommen. Und dass ich sie lebend wiedersehen will! Da hab' ich dann doch geheult...

Pilgern auf dem Jakobsweg soll es sein, am liebsten von der Camargue bis nach Tamera. Nur ich und ein Pferd, denn ich möchte das allein mit mir und vielleicht mit Gott ausmachen.

Dank Rudolf und Christine haben wir so ziemlich alles dabei, was man zu so einem Ritt wohl brauchen müsste. Inklusive dreier verschiedener McClellan-Sättel, damit hoffentlich wenigstens einer auf das noch zu kaufende Pferd passt. Ich weiß schon, wer's sein soll. Im Frühjahr hat mich mein ganz spezieller Freund Firmin zu einem Tagesritt mitgenommen und mir einen Camargue-Wallach namens Flambo verpasst. Wohl wissend, dass er mich allein damit schon fast zum Kauf verleiten würde: Flambo heißt nämlich mein All-Time-Favourite-Pferd, das mir jedoch immer vor der Nase weggeschnappt wurde. Für dieses Pferd hätte ich alles Mögliche gemacht. Doch wer den mal hat, will ihn nicht mehr hergeben. Oder höchstens dann, wenn ihn das zum Millionär macht...

Da ich dazu aber selber Millionärin hätte sein müssen - was man auch als, noch dazu alleinerziehende, Verwaltungsangestellte eines Gastronomieunternehmens nicht ganz so leicht bewerkstelligt - hatte ich mich also für Flambo II entschieden. Den hatte Firmin gerade eingeritten und bei dem Ausritt im Frühjahr hatte er sich sehr wacker geschlagen und mein Herz gewonnen. Ein kleines feines 5-jähriges Camarguepferdchen... Genau die passende Größe für mich.

Und auch Rudolf und Christine sind in Sachen Pferdekauf unterwegs, denn Rudolf will sich mit meiner Französisch-Sprech-Hilfe einen Traum erfüllen und sich ein Camarguepferd kaufen. Doch das ist eine andere Geschichte und die heißt „Perdrix und Première"...

Jedenfalls haben wir nur vier Tage Zeit für Pferdekauf und Pilgervorbereitung. Macht ja nichts, Flambo II ist eh gebongt, mit Firmin hab ich erst vor zwei Wochen noch telefoniert. Auf dem Weg von Fos sur Mer nach Tarascon rufe ich Firmin an und sage: Wir sind unterwegs. Und er sagt: Das Pferd ist verkauft.

So 30.4. 14:36 Uhr - Flambo II

Sonntag 3. September ✧ Schock und Tränen! Wir können es nicht fassen. Und wir haben nur noch drei Tage Zeit! Es fällt alles in Wasser…

Firmin bestellt mich nach Le Grau du Roi, zur Ecurie des Dunes. Dort wären Mandarin und Ouragan zu verkaufen. Den Namen nach zu urteilen, müsste Mandarin sieben Jahre alt sein, und Ouragan fünf. Beide waren über den Sommer im Touristenreitbetrieb unterwegs, heißt es.

So 3.9. 9:57 Uhr - Ouragan...

Zuerst führt uns Sebastien Mandarin vor, der von den Guides (Rittführern) geritten worden war. Er sieht gar nicht aus wie ein Camarguepferd und ist mir sowieso zu groß. Irgendwie ist da Berber mit drin oder so. Christine will sich seine Beine ansehen und bekommt sofort einen sehr wohlgezielten Hieb auf die Finger. Sie blutet. Sebastien ist zwar anscheinend sehr zufrieden mit ihm, aber Christine meint: „Dieses Pferd hat keinen Bock mehr, es funktioniert einfach nur noch. Da brauchst du erstmal ein halbes Jahr, um ihm den Glauben an die Menschheit wieder zu geben." Und Rudolf rät mir ab, weil ich für meinen Weg ein Pferd brauche, das sich ohne Probleme überall berühren lässt. Weder Sebastien noch Firmin können verstehen, dass ich dieses Pferd noch nicht mal ausprobieren will.

Also Ouragan. Der sieht wenigstens aus wie ein Camarguepferd, ist aber jugendbedingt noch ganz dunkelgrau und hat eine riesige Eiterbeule am rechten Auge. Ein Pferd mit buchstäblich zwei Seiten. Von rechts ist er ein Klepper mit verquollenem Auge, von links ein stolzes Ross mit wachem Blick und üppiger Mähne. Ich reite auf ihm ein kleines Stück vom Reiterhof weg, und verspreche ihm, dass ich ihn kaufe, wenn er sich ordentlich benimmt. Das tut er tatsächlich. Doch Firmin will 500 € mehr, als wir für Flambo II ausgemacht hatten. Das sprengt mein sowieso schon knappes Budget. Was nun, was nun, was nun?

Inzwischen ist es Mittag, es ist heiß, und ich bin verzweifelt. Wir sind alle drei k.o. von den knapp tausend Kilometern Ochsentour und den vielen Eindrücken. Vor eineinhalb Tagen waren wir

...das Pferd mit den zwei Seiten – So 3.9. 10:03 Uhr

noch in Deutschland. Rudolf findet uns ein Schattenplätzchen auf dem Seitenstreifen der Bundesstraße in Richtung Nimes, denn ich brauche jetzt unbedingt erstmal einen Kaffee. Plötzlich meint er: „Schau mal da" und zeigt nach hinten.

Da reitet ein Mädchen auf dem gleichen Seitenstreifen in Richtung Nimes, während neben ihr der Verkehr braust.

Als sie bei uns ist, frage ich sie: „Was kostet dieses Pferd?" Sie sagt: „Ist unverkäuflich." Rudolf meint, ich solle sie fragen, ob sie nicht wüsste, wo ein Pferd für meine Zwecke günstig zu kaufen sei. Sie zeigt auf die andere Seite der vierspurigen Straße, man erkennt hinter der Böschung einen Campingplatz. Dort wäre auch ein Reiterhof, und soweit sie wüsste, wird da ein Pferd verkauft.

Der Reiterhof macht zwar einen deutlichen „englisch-Reiten"-Eindruck, aber für die Touristen-Ausritte stehen eine ganze Reihe Camargue-Pferde an der Stange

... von der Stange – So 3.9. ca. 14:00 Uhr

16

angebunden. Rudolf ist Feuer und Flamme - diese Pferde sind ganz nach seinem Geschmack. Sie haben alle Brandzeichen, also auch Herkunftspapiere, und der Preis ist entsprechend. Wir palavern mit Max, dem Reitstall-Besitzer, erklären, was wir wollen und was ich vorhabe. Er geht mit uns auf die riesige Weide hinter dem Hof und zeigt mir verschiedene Pferde, die seiner Meinung nach in Frage kämen. Das einzige, das in meiner „Preisklasse" liegt, hat den Nachteil, dass es sich nicht einfangen lässt. Also wieder nichts. Ein Pferd, das sich nicht einfangen lässt, ist ja nun wirklich nichts fürs Pilgern, wenn es dann mit Sack und Pack davonläuft...

Rudolf möchte sich noch mal die Wallache ‚von der Stange' genauer ansehen, da ruft Max plötzlich aus: „Ach, genau, den hatte ich ganz vergessen," und schickt ein Mädchen in Reitstiefeln zurück auf die Weide. Sie kommt nach einer ganzen

Weile zurückgeradelt mit einem Pferd am Halfter, das nach Camargue aussieht, jedoch kein Brandzeichen hat. Mir fällt auf, dass er von oben bis unten zerbissen ist, vielleicht ist er ja ganz am Ende der Rangfolge in der Herde. Rudolf beguckt ihn von allen Seiten. Beine klar, nichts geschwollen, Rücken schmerzfrei, lässt sich überall anfassen, bleibt unangebunden in der Mitte des Hofes bei uns stehen, steht gut im Futter, und soll - nach Max'

Verkaufsverhandlungen – So 3.9. 16:40 Uhr

Aussage - während des Sommers beinahe täglich bis zu acht Stunden im Reitbetrieb unterwegs gewesen sein. Ohne Kraftfutter, versteht sich, "nur mit dem guten Heu aus der Crau!" Außerdem ist er als Sieben-Jähriger genau im richtigen Alter für so eine Tour. Der Preis liegt zwar etwas über meinem Limit - aber damit könnte ich gerade noch leben. Gut, ich reite ihn mal zum Ausprobieren. Als ich ihn nach draußen lenke, rufen die Mädels: „Nicht am Zügel ziehen!" Wie jetzt?

Max meint, dass Pegouse (so nennen sie ihn) bei den Ausritten schön brav hinter einem anderen Pferd hergeritten sei; und das in Schritt, Trab und Galopp.

Bei M. Fabre: Der hätte mir gefallen! - Mo 4.9. 17:30 Uhr

Die „Ausreiter" haben hier wohl Anweisung, das Pferd nicht selbst zu lenken. Ich bin jetzt aber noch nicht so weit, dass ich ein Pferd allein mit Gedankenkraft dirigieren könnte, also muss ich doch die Zügel benutzen... Genau am letzten Pfosten des Weidezauns bleibt Pegouse stehen und ist nicht dazu zu bewegen, auch nur einen Schritt auf fremdes Terrain zu setzen. Es nützt auch nichts, dass ich ihm sage, wenn du gehst, kauf ich dich. Als ich weiter treibe, kommt er zwar mit den Hinterbeinen weiter vor, mit dem Kopf aber immer noch nicht am letzten Pfosten vorbei. Soll heißen: Er bäumt sich auf. Na dann.

Ich drehe um und trabe zu Rudolf zurück und beratschlage. Rudolf macht einen Schritt nach rechts, Pegouse macht mit, Rudolf macht einen Schritt nach links, das Pferd folgt. Aha, wir probieren das aus: Pegouse bleibt immer ganz nah bei Rudolf und folgt ihm sofort bei jeder Bewegung, egal welche Schlangenlinien Rudolf einschlägt und wie oft er stehen bleibt. Auf jeden Fall ist er gutmütig und anhänglich. So kommt er also in die engere Wahl, wenn ich überhaupt eine Wahl habe. Rudolf sagt: „Wenn du ihn nicht kaufst, kauf ich ihn." Wenn das kein Argument ist!

Montag, 4. September ✧ Am nächsten Morgen fahren wir zu Monsieur Fabre, der uns verschiedene weiße Pferde aller Größen, Rassen und Preisklassen zeigt und uns für nachmittags in die Wildnis einlädt, um uns ein Pferd vorzuführen, das er dort holen möchte. Tolles Camargue-Pferd, das bei der Arbeit mit den Rindern verwendet wird, nur leider sind die Gelenke und Sehnen von der Sommerarbeit etwas geschwollen. Außerdem ist der Preis mal wieder zu hoch. Rudolf rät ab, weil es für mein Vorhaben immens wichtig ist, dass das Pferd kein

Flambo III bei Max von der Stange – Mo 4.9. 14:34 Uhr

Problem mit den Beinen hat. Innerlich habe ich mich sowieso schon entschieden. Wenn Rudolf sagt, dass ER ein Pferd kaufen würde, ist das ein untrügliches Zeichen für Qualität!

So kaufe ich also mein erstes Pferd und alles ist ganz anders als geplant. Da Pegouse nur sein Spitzname ist (im Equidenpass steht Fizz), bekommt er von mir eben einen anderen Spitznamen, und der lautet FLAMBO, ist doch klar. Jetzt laufen die Vorbereitungen auf Hochtouren, er muss heute geimpft werden und neu beschlagen. Die Trotters Kunststoff-Beschläge habe ich umsonst mitgebracht, weil Flambo III Eisenbeschläge hat. Normalerweise sind die meisten Pferde, die in der Camargue im Verleih gehen, Barhufer. Max ist eben nicht der typische Camargue-Reiter...

Sa 2.9. 18:57 Uhr - Perdrix (rechts) und Première (links)

„Jetzt geht's los, jetzt geht's los!"

45 km • Arles - Le Grau du Roi - Montpellier – Grabels

„Der Herr ist mein Hirte, mir wird nichts mangeln. Er weidet mich auf einer grünen Aue und führet mich zum frischen Wasser." (Ps 23,1)

Dienstag, 5. September ✧ Mein erster Stempel im Pilgerpass stammt aus Arles. Flambo ist frisch beschlagen und geimpft, der Sattel ist angepasst - zum Glück ist es einer der drei Sättel, die wir mitgebracht hatten. Sein Gebiss habe ich Max abgekauft. Auch Rudolf ist fündig geworden und wird zwei 3-jährige reinrassige Camarguestuten - Perdrix und Première - mit nach Hause nehmen.

Die Mädchen vom Reiterhof sind traurig, eine weint sogar. Flambo bekommt alle möglichen Extra-Rationen und dann schlägt die Stunde der Wahrheit: Der Hänger ist auf. Drei Anläufe und er ist drin (Lobet den Herrn!). Rudolf und Christine werden uns beide hinter Montpellier in Grabels absetzen. Montpellier ist nur ca. 20 km von Le Grau du Roi entfernt. Und gleich zu Anfang unserer Pilgerschaft könnte das Durchqueren einer Großstadt das Ende unserer doch sehr frischen Beziehung bedeuten. Christine ahmt mein SMS-Handy-Geräusch nach und sagt: "Nicht,

Ankunft in Grabels - Di 5.9. 14:10 Uhr

dass es plötzlich dojojoing macht!" Und meint damit "in Flambos Kopf, dann geht nämlich gar nichts mehr."

Die Fahrt durch Montpellier ist heiß und lang. Ständig stehen wir im Stau, ab und zu rumpelt es ein bisschen hinten im Hänger. Nicht wirklich der Rede wert, meint Rudolf. Ich singe: "Jetzt geht's lo-hos! Jetzt geht's lo-hos!" und freue mich wie ein Schneekönig nach all den Magenbeschwerden der letzten Tage (mir war sogar ein paar Mal richtig kotzelend - vor Angst?). Dann haben wir es endlich geschafft: Rudolf findet einen schattigen Picknickplatz, von dem aus ein Waldweg am Bach entlang führt. Dort laden wir mein (mein!) Pferd aus, das ungefähr bis zum Hals in Pferdeäpfeln steht und total nassgeschwitzt aus dem Hänger steigt. Ich führe ihn ein bisschen herum, das mitgebrachte Heu tut ein Übriges. "Essen beruhigt." sagt Rudolf immer.

Rudolf ist im Stress, er muss heute noch ziemlich weit fahren und wir haben in Montpellier viel Zeit verloren. Die beiden werden bei Ivan auf dem Grundstück übernachten und morgen früh um sechs mit den beiden Stuten losfahren. Rudolf räumt alles aus dem Auto raus auf eine Bank, ich bringe etwas Ordnung hinein und hänge es provisorisch aufs Pferd. Wir wollen nämlich erst noch einen geeigneten Schlafplatz finden, wo auch ich möglichst in Sicherheit bin. Der Plan für die Nächte lautet: Das Pferd so an einem Baum festbinden, dass es erstens grasen kann, zweitens sich hinlegen und drittens nicht in den Strick treten.

Ein ganzes Stück entfernt von der Straße werden wir fündig. Die passenden Bäume für Flambo und die passenden Büsche für mich. Rudolf zeigt mir, wie das Pferd anzubinden ist, nämlich recht weit oben im Baum und gibt mir abschließende Tipps. Dann machen wir als "Henkersmahlzeit" ein Picknick. Unter den Bäumen ist es angenehm mild, Flambo hat nur einmal versucht sich loszureißen, dann hat er's verstanden. In der Camargue sind Pferde das angebunden-Sein und lange-angebunden-Bleiben normalerweise von Kindesbeinen an gewöhnt. Genauso wie äußerst abenteuerliche Hängerfahrten. Worauf allerdings kein Wert gelegt wird, ist das Hufegeben - jedes Mal ein Kampf!

Und dann ist es soweit: Abschied. Von Rudolf und Christine. Und von der Zivilisation (wie sehr, das wusste ich da noch nicht). Sie lassen mir das ganze restliche Essen da, Christine umarmt mich unter Tränen, die letzten guten Wünsche werden ausgetauscht und da gehen sie hin. Die Blätter rascheln, die Sonne scheint durch die Bäume. Ab und zu kommt ein Jogger unten am Weg entlang und mein Indianerpferd ist ganz still. Er warnt mich nur durch seine aufmerksamen Blicke. Was mich am meisten wundert, ist, dass niemand schräg nach oben schaut. Die Menschen sind so auf ihren Weg fixiert, dass sie gar nicht merken, wer sie beobachtet.

In dieser Nacht schlafe ich unter dem Blätterdach. Immer wieder stehe ich auf und schaue nach Flambo und ob rundum alles in Ordnung ist. Der dagegen hat anscheinend keine Sorgen - er legt sich zum Schlafen sogar immer wieder hin. Rudolf hatte gesagt, das sei ein gutes Zeichen, wie schön!

Wir begutachten zu dritt das Gepäck... - Di 5.9. 15:05 Uhr

Am Anfang war das Wort...

15 km • Grabels – Montarnaud - La Boissière

Di 5.9. 15:05 Uhr - Das musste alles da drauf...

„...und die Welt ist durch dasselbe gemacht, und die Welt kannte es nicht." (Joh. 1,10)

Mittwoch 6. September ✧
Meine eigene Wanderausrüstung besteht aus zwei Kompassen und dem Outdoor-Wanderführer Nr. 162 "Jakobsweg - Via Tolosana". Ein kleines gelbes Büchlein, das mich wie die Bibel leiten und begleiten und sämtliche Karten ersetzen soll. Ein Führer für mehrere Hundert Kilometer Weges von Arles bis zum Col du Somport, sozusagen ein Atlas im Westentaschenformat, mit allen relevanten Wegen, Städten, Telefonnummern und Pilgerherbergen. Ich bin in meinem Leben noch keinem Wanderweg gefolgt, im Büchlein ist beschrieben, wie das geht, und wie z.B. die Markierungen aussehen. In meiner Strecken-Kalkulation bin ich von meinen Autofahr-Erfahrungen ausgegangen. Bisher weiß ich noch nicht, dass Wanderwege ungefähr

dreimal so weit sind. "Der Weg ist das Ziel" steht ja auch auf meinem gelben Büchlein drauf - das hätte mich alarmieren müssen.

Der eine Kompass ist ein Wander-kompass, mit dem komme ich nicht wirklich zurecht, außerdem wech-selt er je nach (magnetischer?) Umgebung die Nord-Richtung. Der andere Kom-pass ist aus einem Micky-Maus-Aben-teuerset meines Sohnes (könnte auch ein Agenten-set aus dem Yps-

...klappte tatsächlich!! Alles drauf und dran! - Mi 6.9. 10:02 Uhr

Heft gewesen sein...) und hat mir schon beim Autofahren durch große Städte oder verschlungene Berge sehr gute Dienste geleistet. Dieser minikleine Kom-pass lässt sich durch nichts vom Norden abbringen, weder durch Umgebung noch durch Gerüttel und Geschüttel! Das heißt, man muss unterwegs noch nicht mal anhalten, um auf dem rechten Weg zu bleiben.

Der Wecker klingelt um sieben. Bis ich alles untergebracht habe (das viele Essen!), das Pferd begutachtet und zum ersten Mal alles draufgepackt, ist es 10 Uhr - inklusive Frühstücken und Meditieren, versteht sich. Ich bin zuversichtlich und guter Dinge. Gestern hat mir eine Frau beschrieben, wie ich von hier aus auf den Jakobsweg komme und ab dann ist ja sowieso alles geregelt. Um Flambo an das Gepäck zu gewöhnen, habe ich es heute auf dem Sattel befestigt. Und um ihn an mich und das unterwegs-Sein zu gewöhnen, werde ich zunächst einmal selbst wandern und ihn führen. Die Sonne scheint durch die Blätter, wir verlassen unser Nachtlager und finden die ersten rotweißen Striche an Brückenpfosten, Bäumen und Schildern.

Mi 6.9. 11:03 Uhr - So hatte ich mir das vorgestellt

Nicht lange danach sind wir auf dem Hochplateau und wandern durch eine Heidelandschaft, der Weg windet sich vor meinen Augen die Hügel hinab und hinauf. Genauso hatte ich mir das vorgestellt. Ein großer Himmel über mir, die Wanderwegmarkierungen und das gelbe Büchlein führen mich, der Weg liegt offen vor mir und die Sonne scheint. Flambo trottet hinter mir her wie ein Fohlen hinter der Mutterstute, er bleibt immer genau hinter meinem Rücken. Gegen Mittag kommen wir vor Montarnaud an einem riesigen Reitstall vorbei, dort ist alles still und leer. Die Betonboxen sind frisch gewienert, nirgends auch nur ein Pferdeapfel zu sehen, die Wege akkurat gekieselt und die wenigen Grünstreifen ordentlich im rechten Lot. Die Pferde sind unsichtbar, aber zu hören, denn sie antworten auf Flambos Rufen. Es dauert eine Weile, bis ich in einem Raum zwei Männer finde. Einem davon scheint das alles hier zu gehören und er drängt mich, bei ihm eine klinische Rast zu machen und Flambo in eine seiner Sanitär-Boxen zu stellen. Ich hole jedoch nur Wasser und wundere mich über die porentiefe Reinheit dieses riesigen Reitstalles.

Ein Stück weiter des Wegs finde ich die erste Jakobsmuschel-Markierung an einem hölzernen Strommast. Ein guter Platz für unsere erste Rast am Wegesrand,

Erste Rast, erste Jakobsmuschel (auf dem Pfahl) – Mi 6.9. 14:09 Uhr

wie ich finde. Flambo wird vom Gepäck befreit und darf um den Strommast herum grasen, außerdem bekommt er die Gerstenflocken, die ich in dem Reitstall geschenkt bekommen habe. Auch ich darf was essen und ruhe mich aus. Als ich nach einer Stunde gerade wieder mit dem Aufladen anfange, kommt Mister Reitstallbesitzer hoch zu Ross des Weges.

Mit mürrischem Gesicht konstatiert er, dass ich seine Gastfreundschaft doch hätte annehmen können, und dass bei ihnen niemand weggeschickt wird. Übrigens - und macht eine weitschweifige Handbewegung – wäre das alles hier herum sein Land. Dann reitet er von dannen und ich wundere mich, dass er von Gastfreundschaft spricht und dabei so grimmig dreinschaut. Später wird mir klar, dass ich seinen aufgeräumten Wegrand nicht nur geschlagene zwei Stunden mit unserer Anwesenheit, sondern zu allem Unglück auch noch bleibend mit Flambos Äpfeln, den Überresten von Rudolfs Mühlvierteler Heu (das hatte ich bis hierher mitgeschleppt) und Druckstellen im Gras verschandelt hatte.

War steiler, als es auf dem Foto aussieht!
- Mi 6.9. 16:39 Uhr

In Montarnaud hätte ich mir am liebsten irgendwo kalten Orangensprudel gekauft, aber Flambo schnaufte ganz unnatürlich während unserer Tour durch den Ort. Wenn ich nur wüsste, was der schon erlebt hat, also schon kennt – bzw. vor allem was er nicht kennt! Manchmal zuckt er wegen Kleinigkeiten zusammen, weicht vor dem Sattel oder überhaupt allem, was ich in die Hand nehme, zurück, wenn ich damit zu ihm gehe. Außerdem rumoren seine Eingeweide die ganze Zeit... Ist das normal?? Oder liegt's am frisch geimpft sein?

Nach dieser ersten Etappe kämpfen wir uns, den Angaben meines gelben Büchleins folgend, im Zickzackkurs einen steilen Pfad voller scharfkantiger Steine in Richtung Croix de Felix (Felixkreuz) hinauf. Flambo III ist das reinste Gebirgspony und schleppt tapfer das Gepäck. Zwischendrin wird es ihm dann aber doch zu bunt, er bleibt einfach stehen. Das ganze Gerutsche auf dem Sand und Geröll...

Das imposante Croix de Felix (auf der Säule!)
– Immer eine beschwerliche Reise wert!! - Mi 6.9. 16:44 Uhr

Und dann noch mit Hufeisen! Ich setze mich am langen Seil oberhalb auf die Steine und sage: „Was willst du hier schon machen? Hier gibt's doch nix." Er schaut zurück („na, wieder runterklettern...") und macht einen Schritt in Richtung Umdrehen. Ich: „Oben gibt's bestimmt wieder ganz tolle Gegend mit viel Gras und ein schönes Schlafplätzchen." Er: Nimmt seine Kraft zusammen und klettert zu mir. Ganz oben am Croix de Felix sind wir beide komplett nassgeschwitzt. Ich bekomme 10 min Verschnauf-, Flambo 10 min Fresspause.

Noch halte ich mich an die Wege Gottes – Via Tolosana GR 653 – doch hier regen sich zum ersten Mal leise Zweifel, ob dies der geeignete Weg ist. Schließlich geht es ein Stück auf der D 111 weiter Richtung La Boissière. Kein Seitenstreifen, kaum Grünstreifen, bzw. eher Graben. Ich gehe auf dem bisschen „Grün", Flambo/Pegouse/Fizz nicht. Er bevorzugt es, möglichst in der Mitte der Straße zu bleiben. Hier ist keine Geschwindigkeitsbegrenzung, also 90, na ja 100 km/h, auch wenn der Verkehr spärlich ist. Ich locke, bitte, zerre – keine Chance. Als er dann noch wegen einem ausdauernd bellenden Hund direkt hinter einer Kurve mitten auf die Straße springt, ist klar: Ein ruhiges Schlafplätzchen muss her!

Ich schlage mich in die Büsche und finde zum Glück nicht weit von der Straße was Passendes zum Sattfressen und Anbinden. Ziehe die Wanderschuhe aus -Wohltat!- und prompt steht das Pferd mit Hufeisen und seinen 400 kg auf meinem Barfuß. Aua! Apropos „Sattfressen": Ich muss dringend die vielen Nahrungsmittel loswerden (sprich: essen), damit das Gepäck endlich leichter wird. Habe aber erstaunlicherweise keinen sonderlichen Hunger – wird mein Wunsch nach „Manna" schon erhört? Meine einzige Verbindung nach Hause ist mein Handy und die unregelmäßigen SMS vor allem mit Rudolf und Christine. Frage bei Rudolf an, ob ich mir wegen dem Gegrummele in Flambos Bauch Sorgen machen muss und er meint, ich muss mir Sorgen machen, wenn es *aufhört* zu grummeln!

Irgendwann stelle ich fest, dass ich zu nah am Nachtfressplatz liege, falls Flambo rückwärts zu scheuen gedenkt. Ich trau' seinen Gehirnwindungen nicht.

So übernachtet Flambo – Do 7.9. 7:39 Uhr

Hab mich so weit als möglich zurückgezogen, weit genug geht nicht wegen dem Gestrüpp. Ab und zu möchte er herkommen, um an mir zu schnuppern, das finde ich nett. Leider ist das eben so nah, dass er mich rückwärts niedertrampeln könnte.

Nachts träume ich, dass was wiehert und wache davon auf. ...mal nach dem Rechten sehen... Flambo grast. Aber warum hebt das Pferd seinen Kopf nicht, als ich hingehe? ... ach du Schreck – er steht mit dem Vorderbein an den Kopf gefesselt in einer Schlaufe des kurzen Führstricks, den ich ihm zusätzlich zum Anbindeseil um den Hals geknotet hatte, ich Dödel! Zum Glück hat er „gerufen" und nicht gekämpft!

31

Unterwassermühlen mahlen langsam

15 km • La Boissière – Les Grottes de Clamouse – Moulin de Brunan

„...und ich will wegnehmen (...) das Geräusch der Mühle und das Licht der Lampe, so dass dies ganze Land wüst und zerstört liegen soll." (Jer 25,10)

Donnerstag, 7. September ✧ Irgendwie brauche ich morgens ganz schön lange, bis ich mit der „Morgengymnastik" durch bin: Meditieren, Zusammenpacken, kleines Frühstück, Morgentoilette, Pferd nach Macken untersuchen und nochmal zum Grasen woanders hinbinden, endgültig zusammen- und dann alles aufs Pferd packen. Und schwupps – drei Stunden sind rum und es ist 10 Uhr, als wir weiterpilgern.

Aniane? - Do 7.9. 13:25 Uhr

Heute geht es zunächst durch La Boissière und dann ein langes Stück eine ehemalige Bahntrasse entlang. Die Sonne brennt und wir kommen erstmal gut voran. Die Landschaft wirkt ein bisschen bedrohlich mit all dem roten (Lehm-?) Boden und den vielen kahlen Stellen. Dann die erste größere Ortschaft: Aniane. Flambo geht wie auf Zehenspitzen im Schneckentempo hinter mir her. Tut dem was weh auf dem Asphalt? Was hat der bloß? Das dauert, bis wir durch den Ort durch sind...!

L'Herault bei den Grotten von Clamouse – Do 7.9. 14:18 Uhr

Ein Stück weiter wird die Landschaft immer malerischer, wir wandern am Herault entlang: Schroffe Felsschluchten und türkisfarbenes Wasser in der Tiefe. Bei den Grotten von Clamouse verbreitert sich der Fluss zum See. Was für ein super Nachtlager! Ich geh mal los zum auskundschaften. Das Sträßchen ist teilweise extrem steil und Flambo rutscht sich einen ab mit seinen Hufeisen. Die

Grotten und der See sind eine beliebte Attraktion, es ist einiges los und wir sind auch eine Attraktion. Beinah ganz unten sehe ich einen Kiosk und Schilder „Campen verboten", und der Verkäufer aus dem Kiosk mustert uns streng. Mist! Also nur saufen lassen im seichten Wasser – was das Pferd nicht tut – und wieder zurück.

Das wäre mal ein super Schlafplatz gewesen – Do 7.9. 14:38 Uhr

An der steilen Stelle bleibt Flambo mit den Packtaschen an einer Eisenbegrenzung hängen, galoppiert los und bockt wie wild. Oh Mann! Und alle schauen dann noch zu, wie ich hinterher die Sachen wieder auflese.

Peinlich! Die großen Packtaschen liegen nämlich nur über dem Sattel und sind nicht festgeschnallt. Und auch sonst hatte mir bisher nicht so recht eingeleuchtet, warum man eigentlich jedes – aber auch jedes! - einzelne Teil doppelt ausbruchsicher festzurren sollte.

Nachdem wir hier mindestens eine Stunde mit all dem verbracht haben, müssen wir also weiter an der Straße entlang. Ich halte Ausschau nach einem Schlafplatz, doch hier ist mit sich-in-die-Büsche-schlagen nichts los. Rechts der Straße, wo wir dahinziehen, geht es wie gesagt wunderschön malerisch hinunter zum Herault, der in der Tiefe braust. Links der Straße türmen sich die Felsen übereinander, die wenigen flachen Stellen sind mit undurchdringlichem Gestrüpp überwuchert. Und es wird immer später! Ich hatte mir vorgenommen, ab 17 Uhr mit der Schlafplatzsuche zu beginnen, damit ich das nie bei Dunkelheit machen muss. Vor der Dunkelheit muss jetzt unbedingt ein Schlafplatz her.

Endlich sehe ich links eine Art verwilderten Garten mit kleinen (Oliven-?) Bäumchen. Der scheint zu dem Haus zu gehören, das ein Stück weiter an der Straße ist, dort zweigt auch eine weiteres Sträßchen ab, wo ein geparktes Auto steht. Ich schlage mich also diesmal in den Olivenhain, binde Flambo fest, lade ab und schaue, ob in dem Haus jemand ist, den ich um Bleibe bitten kann. Es macht keiner auf, also Plan B: Wenn einer fragt, mach ich hier nur ein bisschen Rast und will gleich weiter. Wenn keiner fragt, warte ich die Dämmerung ab, und richte mir dann meinen Schlafplatz her.

Man kann in die Schlucht zum dunklen Fluss hinunterklettern, dort sind lauter Ruinen, wie merkwürdig. Teilweise stehen die Häuser noch, mit leeren Fensterhöhlen und Türöffnungen. Aber hier unten? So nah am Wasser und vor allem in der Dunkelheit? Wer hat denn hier was gebaut und warum? Hier scheint doch nie die Sonne hin, wer hat denn hier bloß wohnen wollen?? Ich hole Wasser fürs Pferd und versuche, mit meinem Supertwister-Gaskocher in einer Mulde Nudeln zu kochen. Auf der Straße kriecht ein Auto mit Schrittgeschwindigkeit vorbei. Schwierig, hier eine Stelle zu finden, wo wir nicht von der Straße aus zu sehen sind. Wenn jetzt einer kommt und mich der Brandstiftung bezichtigt!? Ich schütte das Nudelwasser weg, heute bleibt die Küche kalt, was soll's.

Plötzlich seh ich Einen am Haus – und der kommt auch noch auf mich zu! Angriff ist die beste Verteidigung, denke ich und rufe rüber, ob ihm das hier gehöre, und ob wir hier bleiben dürfen. Er ruft zurück, das Gleiche wolle er auch grade fragen. Er heißt Matthieu, ist so Mitte zwanzig und erzählt mir von der Mühle am Fluss: Moulin de Brunan. Und dass die immer dann unter Wasser sei, wenn der Fluss steige. Er kommt schon seit seiner Kindheit hierher. Und fragt mich, ob ich was bräuchte, das geparkte Auto sei seins. Er holt mehrmals Wasser vom Fluss und Flambo trinkt und trinkt und trinkt. Dann meint er, ich könne mich unten waschen gehen, er passe aufs Pferd auf in der Zwischenzeit. Das Verklebungs-

Dieses schöne Foto im Olivenhain hat Matthieu gemacht – Fr 8.9. 9:17 Uhr

Gefühl ist stärker als mein Misstrauen, ich wasche sogar die Haare und hoffe die ganze Zeit, dass Pferd und Ausrüstung noch da sind, wenn ich wieder oben bin. Als ich mit weiteren zwei Plastikflaschen voller Wasser zurückkomme, hat Matthieu den Tisch gedeckt und sogar zwei selbstgezimmerte Klappstühle aus dem Auto geholt. Es gibt Melonen und anderes Obst, Baguette und Käse. Wir reden noch bis es ganz dunkel ist, er erzählt, dass er auf der Suche sei nach einem Beruf, der ihm Spaß mache, eigentlich seiner Berufung... Am liebsten beschäftige er sich mit Holz und den „Zirbelherzen". Das sind so Holzknubbel, deren wunderschöne Maserung zutage tritt, wenn man sie glattschleift und poliert. Er zeigt mir eines, das er dabei hat und meint, sie würden auch richtig gut riechen. Später fragt er, ob's o.k. wär, wenn er hier schliefe. Das weiß ich erst morgen früh, andererseits hören vier Ohren mehr als zwei und ich bin eine Frau allein... Ist er nun ein potentieller Schutz oder eine potentielle Gefahr? Ich sage „Ist o.k.", lege mir die Tränengas-Pistole neben das Kopfkissen und schlafe unruhig.

Wenn alle Stricke reißen

4 km / Ruhetag • Moulin de Brunan - St. Guilhem-le-Désert
„Und siehe, wie heute dein Leben in meinen Augen wert geachtet gewesen ist, so werde mein Leben wert geachtet in den Augen des Herrn, und er errette mich aus aller Not!"
(1 Sam 26,24)

Freitag, 8. September ✧ Morgens ist alles noch da, auch Matthieu. Er holt nochmal Wasser, wir packen zusammen, frühstücken ein bisschen und am Ende ist es ziemlich spät geworden, bis ich aufbreche. Der Weg rechts neben der Straße ist auf der einen Seite mit Holzbarrieren begrenzt, auf der anderen Seite sind Bäumchen. Ständig bleiben wir mit dem Gepäck hängen, hier ist einfach kein Durchkommen mit Pferd. Wir wechseln auf die andere Straßenseite, dort ist der Fußweg durch die Felswand auf der einen Seite und wiederum Holzbarrieren begrenzt. Die Packtaschen sind aus Nylon, das ist gut wegen des geringen Gewichts, aber scharfkantige Felsen oder, dass irgendwas Löcher in die Ausrüstung reißen könnte, hatte ich nicht einkalkuliert.

Auf dem Dorfplatz von St.-Guilhem-le-Désert darf ich nicht lange bleiben, die Anwohner sagen, es hätte schon Schwierigkeiten mit Pferden gegeben. Aber weiter oben gäbe es einen für Pferde geeigneten Platz. Schade, ich hätte Flambo gerne länger in der Nähe des Springbrunnens gelassen. Inzwischen ist mir näm-

Fr 8.9. 10:09 Uhr - Saint-Guilhem-le-Désert

lich klargeworden, dass er eine Wasserphobie hat. Das ist auch der Grund, warum er am liebsten genau in der Mitte der Straße bleibt: Meistens sind auf beiden Seiten Wassergräben (in denen zwar kein Wasser ist, aber könnte ja!). Alles was im Entferntesten an Schlauch und Wasser erinnert ist Totalbremse. Dazu zählt alles, was entfernt wie ein Gully aussieht, jegliches Wassergeräusch, runde Öffnungen und „Schläuche": Vom Elektrokäbelchen bis zum mannshohen Rohrteil auf dem Acker, genauso wie liegende Baumstämme am Wegesrand.

Das wäre jetzt eine gute Möglichkeit gewesen zum Desensibilisieren. Er trinkt wenig, wie mir scheint, wobei ich nicht weiß, wie viel so ein Pferd pro Tag trinken sollte. Und sowieso davon ausgehe, dass ein Camarguepferd das selbst am besten weiß. Ich bin schon fast aus dem Ort raus, um mich an die Nachmittagsetappe zu wagen, da bemerke ich mit Schrecken das Loch in der Satteltasche. Das muss unten vor dem Ort auf dem engen Weg zwischen den Bäumen passiert sein, und es bedeutet: Absatteln! Alles ausräumen! Packtaschen flicken. Und wieder aufsatteln. Oh nein! Ob wir das je schaffen, wenn wir schon am zweiten Tag eine Panne haben?

Es gibt einen Parkplatz mit Bäumen, dort binde ich Flambo an und deponiere das Gepäck ein Stück weiter. Zum Glück hat Christine ans Nähen gedacht und mir eine gebogene Ledernadel mitgegeben, inklusive des Tipps, dass meine Zahnseide auch für Wanderreit-Reparaturen bestens geeignet sei. Habe Angst vor dem Aufstieg hinter St.-Guilhem – was, wenn es da zwischen zwei FELSEN zu eng wird?? Dann stecken wir endgültig fest. Heute wird's nichts mehr mit weiterziehen, nach den Reparaturarbeiten ist es früher Nachmittag und zu spät, den Aufstieg zu wagen. Glühende Hitze. Na, dann reite ich mein Pferd halt mal, doch das hebt meine Laune keineswegs. Ich sattle und führe ihn ein Stück aus dem Dorf raus auf eine Wiese, die von Obstbäumen umgeben ist. Der Sattel rutscht wie Harry, er ist viel zu breit, ich komm gar nicht erst aufs Pferd! Schließlich schaffe ich es und er marschiert los wie von der Tarantel gestochen, blindlings kreuz und quer über die Wiese, keine Reaktion auf Zügel- oder Schenkelhilfen – was mach' ich denn jetzt?? Zum Glück bleibt er irgendwann unterm Baum von alleine stehen und fängt an zu fressen. Oh Mann, was war das denn jetzt? Will der nicht oder kann er nicht? Ich verzichte auf weitere Versuche.

Flambo hat bis nachmittags alles Erreichbare rund um die Bäume des Parkplatzes schon abgeweidet, deshalb gehe ich nochmal allein runter zum Dorfplatz, um Müsli für ihn zu kaufen. Sowas gibt es hier aber nicht, stattdessen erklärt man mir den Weg zu einem Pferdebesitzer aus dem Ort, der mir bestimmt was Passendes geben könne. Und siehe da, wenn alle Stricke reißen, kommt doch noch Hilfe von oben. Der Pferdemann entpuppt sich als ehemaliger Bereiter, nachdem ich ihm von meinem nachmittäglichen Dilemma erzählt habe und dass ich nicht verstehe, was mit dem Pferd los sei. Er fragt, ob ich möchte, dass er es mal mit ihm versuche. Natürlich möchte ich das! Nach einer Weile kommt er mit seinem (englischen) Sattel zum Parkplatz.

Tja und dann – marschiert Flambo auch mit ihm so wirr los, doch Herr Pferdemann streckt für die Zügelhilfen den Arm weit zur Seite, so dass Flambo sowohl den Zügel als auch die Hand und den Arm ein Stück weit sehen kann. Nach einer viertel Stunde ist klar: Er will schon, weiß aber (noch?) nicht (oder nicht mehr?), was er denn tun soll. Herr Pferdemann sagt: „Faut insister." und „...un cheval très généreux!" Was übersetzt heißt: „Man muss drauf bestehen (was man von ihm will)." und „Ein großzügiges Pferd." Vielleicht ist das ja französisches Pferdelatein, aber es klang jedenfalls positiv. Vielleicht bedeutet das Wort ja „willig". Außerdem hat er noch gesagt, Flambo hätte ein großes Herz. Vielleicht haben wir ja doch eine Chance. Eine Ration Gerste habe ich obendrein von ihm geschenkt bekommen.

Übrigens habe ich mich beim Reiten schon immer über den Ausdruck „Hilfen" gewundert. Man muss einem Pferd doch nicht „helfen", nach rechts oder links abzubiegen oder langsamer oder schneller zu gehen, das kann es doch von alleine. Eigentlich sind das doch Signale. Ich will rechts, also zeige ich dir in einer logischen Abfolge, was ich will und nehme den Druck weg, wenn du machst, was ich will. Dadurch macht es uns beiden Spaß, es sorgt für unser beider Sicherheit und außerdem versorge ich dich, das ist der Deal.

Herr Pferdemann aus dem „Heiligen Wilhelm der Wüste" quartiert uns beide dann für die Nacht auf seiner Koppel ein. Nebenan seine zwei Vollblut-Stuten. Das ist erstmal ein Gewiehere! Er bringt Heu, weil auf der Koppel kein Grashalm zu finden ist, und Gerste zum Einweichen für die Morgenration. Wasser gibt es auf der anderen Seite des Weges.

In der Mitte der Koppel ist ein großer umgestürzter Baumstumpf, dort schlage ich unter freiem Himmel mein Nachtlager auf und bringe die Habseligkeiten vor dem neugierigen Pferd in Sicherheit, das hier nicht angebunden werden muss. Als ich dann da so liege, kommt Flambo immer wieder mal her und schnuppert an mir. Und nachts legt er sich ganz in der Nähe zum Schlafen hin.

So hat sich heute doch alles zum Guten gewendet: Wenn ich nicht in St.-Guilhem hängen geblieben wäre, wüsste ich jetzt nichts über Flambos noch zu fördernde Qualitäten.

Das Geisterhaus

12 km • St.-Guilhem-le-Désert – Arboras

„Da sprach Jesus zu ihnen: Ist's nicht so? Ihr irrt, weil ihr weder die Schrift kennt noch die Kraft Gottes." (Mk 12,24)

Samstag, 9. September ✧ Morgens versorge ich erstmal das Pferd mit den eingeweichten Körnern und mit Wasser, dann geht's ans Draufpacken. Jetzt kommen die Packtaschen zum Gewöhnen hinter den Sattel, auch wenn ich nicht vorhabe, zu reiten. Heute geht es den Berg hoch, das wird anstrengend genug. Deshalb müssen wir möglichst früh los, damit wir nicht in der prallen Mittagshitze verdursten. Im Dunkeln steh ich auf und richte alles, brauche aber die Morgendämmerung, um das Pferd zu putzen und vor allem zu inspizieren. Erst dann kann ich mit dem Aufpacken anfangen.

Als alles gut verpackt und fest verzurrt ist, machen wir uns auf den Weg. Doch schon 50 Meter weiter versperren uns zwei Holzbarrieren den Weg in die Berge! Das Ding ist so gebaut, dass Motorräder nicht durchkommen sollen (Verbotsschild). Bloß: Wo ein Motorrad nicht durchkommt, passt erst recht kein Pferd durch – noch dazu mit Satteltaschen. Umgehen geht nicht, überall Felsen. Eine Hoffnung hab' ich noch: Schließlich ist ein Pferd weich an den Seiten, vielleicht geht es mit durchquetschen... Also alles wieder runter, komplett absatteln.

Ich führe Flambo zwischen die Barrieren, er bleibt stecken und stehen. Och komm doch! Nur ein bisschen quetschen und du bist durch! - Nix zu machen. Er steht und denkt wohl, dass das nicht geht. Packe den Rest Baguette aus und halte es ihm vor die Nase. Gleichzeitig ziehen und das Brot grade soweit weg, dass er nicht drankommt – und siehe da! Das Pferd ist durch! Nun also wieder aufsatteln und draufpacken und festzurren. Die ganze Aktion hat uns ungefähr eineinhalb Stunden gekostet, die Sonne ist längst aufgegangen und wir haben von unserer Tagesetappe 50 Meter geschafft!

Jetzt machen wir uns endlich an den Aufstieg. Zuerst geht es an den Felsen entlang und wir klettern höher und höher. Weiter oben wandern wir über Geröllhalden rutschender Steine mit dem Abhang linker Hand. Ich bete, dass das Pferd keinen Fehltritt macht – womöglich vor einem Wasserplätschern scheut! - und mitsamt Allem in einer Steinlawine davonrutscht.

Der Aufstieg, bevor es richtig schwierig wurde
- Sa 9.9. 8:41 Uhr

Frage mich, was ich in so einem Fall machen könnte und komme zu dem Schluss, dass ich es keinesfalls festhalten könnte und sollte, wenn mir mein Leben lieb ist.

Um die Mittagszeit sind wir oben – keine Engpässe mit beidseitigen Felsen! - und ruhen uns erstmal direkt am Weg im Schatten der niedrigen Bäume aus. Das ganze Gepäck ist verrutscht, also wird wieder ab- und nach der Pause aufgesattelt. Die Aussicht ist phänomenal, mein Durst auch. Nach der Mittagspause ist ein Stück weiter des Wegs wieder eine Holzbarriere der gleichen Art wie unten! Oh nein! Wieder alles Gepäck runter, doch diesmal ist die Barriere so kurz und eng, dass sich das Pferd nicht nur durchquetschen, sondern gleichzeitig auch noch biegen müsste, um um die Kurve zu kommen. Ende Gelände. Es geht nicht. Was nun? Ich gehe den Weg zurück und finde tatsächlich eine Stelle, wo ich ihn hochführen kann, oben auf einen größeren Weg und von der anderen Seite an die Barriere ran. Oh Mann! Ich hätte alles drauflassen können!

Später hab' ich mich noch verlaufen, entweder die Wander- bzw. Wegmarkierungen übersehen; oder vielleicht fehlen die ja manchmal...? Bibelzitat: „Wenn Sie den Blick auf die Bergkuppe und das Tal haben," (den hat man andauernd, sobald man oben ist...) „biegen Sie scharf rechts in einen Weg mit Schranke ab. Auf ihm wandern Sie durch die Garrigue links um die Spitze des Pioch Canis ↑451 m, dann nehmen Sie den rechts abzweigenden Weg, der unterhalb der Bergspitze verläuft. Auf ihm immer weiter kommen Sie an den Mauerresten des Chateau de Montpeyroux vorbei. Kurz danach folgen Sie dem links abzweigenden Pfad, der hinab in das kleine Tal Cocalières, und vorbei an den Weinbergen führt. Wieder auf dem Hauptweg," (welcher und wieso „Haupt"weg?) „gelangen sie links zur D122, der sie rechts folgen." Rechts, links, rechts, links, links, rechts. Hab' ich gemacht. Und doch hat's nicht gestimmt. Es zweigen hier nämlich immer wieder Wege links oder rechts ab. Wenn da wirklich mal eine der Markierungen fehlt oder man eine übersieht, ist es um einen geschehen.

In der Mittagshitze kommen wir irgendwann durch eine kleine Ortschaft, in der Kakteen voller riesiger Kaktusfeigen wachsen. Unbedarft wie ich bin, pflücke ich ein paar dieser riesigen Früchte, ohne die Stacheln gebührend in Betracht zu ziehen. Diese besondere Leckerei kostet mich einiges. Habe sie zwar mit Handschuhen angefasst, aber die Stacheln gehen ab und bleiben an den Handschuhen haften. Überhaupt bleiben sie an allem haften, womit sie in Berührung kommen: Das Fell auf dem Sattel, meine Hände, meine Klamotten, die Bank auf der ich versuche, sie zu schälen, das Messer... Und natürlich bleiben sie nicht nur

Sa 9.9. 18:10 Uhr - So ein idyllisches Plätzchen in Arboras!

haften, sondern am Ende auch stecken, wenn man versucht, sie wegzuwischen! Also Kaktusfeigen ernten und essen: Das ist eine Wissenschaft für sich und die kenne ich nicht!!

Als wir dann doch endlich durch Arboras kommen, wird es Abend und ich halte Ausschau nach einem geeigneten Nachtlager. Links des Weges am Ende des Orts finde ich ein leerstehendes Holzhaus mit zerbrochener Veranda und einem von Ginster überwucherten Gelände. Flambo lasse ich frei, damit er grasen kann, doch er mäandert gleich zur Straße zurück, also muss ich ihn doch anbinden. Es gibt hier sogar eine Regentonne mit frischem Wasser. Und eine Aluleiter steht vor der zerbrochenen Veranda, auf die ich mich nicht hinauftraue, um zu schauen, ob innen jemand ist. Könnte ja sein, dass dann die ganze Veranda mitsamt Häuschen unter meinem Gewicht zusammenbricht. Von drinnen hört man sowieso nichts, außer dem gelegentlichen Knarren des Holzes. Eine Wäscheleine gibt es auch... Jetzt bin ich erstmal damit beschäftigt, das hier pferdesicher zu machen. Holzbretter mit hervortretenden Nägeln entfernen, mit der Wäscheleine hinterm Haus die Ecke fürs Pferd abteilen, mögliche andere Gefahren beseitigen.

Unsere heutige Tagesleistung frustriert mich, wir sind, wie mir scheint, trotz der Anstrengung und dem weiten Weg nicht weit gekommen. Ich habe heute ganze drei Mal auf- und abgesattelt. Wenn man bedenkt, dass das jedes Mal mit allem drum und dran mindestens 45 min dauert, habe ich tatsächlich bis zu drei Stunden nur mit Satteln und Packen verbracht. Noch dazu der schwierige Weg in die Berge hinauf. Und dass ich mich verlaufen hatte, und es leider keine Abkürzung war....

Ich koche mir Tee und mache mir meinen Schlafplatz unter freiem Himmel im „Vorgarten" zurecht. Flambo binde ich an einen Baum vor der Veranda, so dass wir beide von der Straße aus nicht gesehen werden. Die ganze Nacht krabbeln mir kleine Tiere auf dem Gesicht

Das Geisterhaus von Arboras – Sa 9.9. 18:10 Uhr

rum. Selbst als ich mir den Schlafsack über den Kopf ziehe, kriechen sie mir in die Nase, die aus dem Schlafsack herausragt. Noch dazu knarrt und seufzt es im Haus. Gespenstisch.... Läuft da wer 'rum? Vielleicht liegt jemand drin und stirbt grade? Vielleicht ist ja schon jemand drin gestorben und vermodert jetzt und das ist der Geist, der darauf aufmerksam machen will? Der Geräusche macht und seufzt, und mir als kleine fliegende Geistpartikel eines zerfallenen und nicht zur Ruhe gekommenen Körpers auf dem Gesicht herumkrabbelt und versucht durch die Nase in meinen Kopf zu kommen, um wieder einen Körper zu haben... Ich trau mich kaum, das Haus anzusehen, wer weiß, ob ich dann die Geister erst recht rufe. Hilfe! Und im Sonnenlicht sah das hier so wirklich idyllisch aus!

The long and winding road

15 km • Arboras - St. Jean de la Blaquière – Usclas du Bosc - Vor Lodève

„Und er sprach: Welchen Weg wollen wir hinaufziehen? Er sprach: Den Weg durch
 die Wüste Edom." (2. Kön 3,8)

Sonntag, 10. September ✧ Wieder stehe ich noch im Dunkeln auf, damit wir später während der Mittagshitze Pause machen können. Ich habe kaum geschlafen, die federleichten Krabbeltiere haben mir keine Ruhe gelassen. Sowas habe ich noch nie vorher erlebt und seither auch nie wieder. Was das bloß war?!

Ein bisschen fühle ich mich, als würde ich verfolgt – nachts muss ich mich und mein Pferd immer verstecken. Und morgens klammheimlich verschwinden, damit niemand merkt, dass wir hier übernachtet haben. Vom 10.9. findet man im Pilgerpass (siehe Bonusmaterial) als unseren ersten „Unterwegs-Beweis" den Stempel des Bäckers von St.-Jean-de-la-Blaquière. Das Rathaus hat halt sonntags zu und so ist nun ein Bäcker neben den Jakobsmuscheln verewigt.

Wir wandern weiter die Hügel hinauf. Dort oben kommen wir an einer wunderschönen schneeweißen Frauenstatue (Maria ohne Kind?) vorbei, die freundlich ins Tal blickt. Heute habe ich so gesattelt und das Gepäck verteilt, dass ich

Die weiße Statue - So 10.9. 16:25 Uhr

reiten kann und das tue ich auch immer wieder. Beim Führen testet Flambo mich aus, er will nun überholen und ist mit der „Fohlen"-Position direkt hinter mir nicht mehr zufrieden. Er möchte also wissen, wer von uns beiden hier die Hosen anhat... Zum Glück weiß ich das schon aus meinen „Reitkindertagen" in der Camargue und auch durch Ferdinand Hempflings Buch „Mit Pferden tanzen" - dass nämlich ein Pferd allein durch die Position zum anderen Pferd (oder zum

Menschen) schon eine Hierarchie abliest oder herstellt. Ich sorge also dafür, dass er zumindest versetzt hinter mir bleibt, indem ich ein bisschen mit dem Führstrickende wedele, sobald er vorpreschen will. So ähnlich machen es ja auch Pferde, wenn ein anderes Pferd sie überholen will. Sie wedeln mal kurz mit dem Kopf rüber, was dem Hintermann zeigen soll: „Hey Alter, bleib hinten!"

Alle paar dutzend Meter überprüfe ich im gelben Büchlein, ob ich mich noch auf dem rechten Weg befinde. Hier klingt das alles so einfach und als ginge es jeweils nur um ein paar Meter: „Immer weiter dem Weg folgend, erreichen Sie den Pass ↑ 446 m und tangieren dabei die D 153E. Folgen Sie der Piste links, die in großen Schleifen durch den Wald Bois de Latitude in das Tal führt. Nach der Überquerung des Baches wandern Sie wieder ein Stück bergauf zur D 153." Und so weiter, et cetera p.p. Man weiß nie, ob es nun 5 km „große Schleifen" sind oder nur 500 m. Im Büchlein sind zwar kleine Karten, die mir aber nicht wirklich bei der Orientierung helfen.

Und „nach Überquerung des Baches" ist in einer Sekunde gelesen und normalerweise in zwei Sekunden geschehen, doch wie lange dauert es mit einem Pferd, das panische Angst vor dem Wasser hat?! Bzw. schafft man es je? Muss ich nun umkehren, weil ich 400 kg Pferd nicht dazu bewegen kann, sich die Hufe nass zu machen? Er scheint zu glauben, dass das tödlich sein kann. Und „sein Mensch" (ich nämlich) tritt ja auch nicht ins Wasser, sondern auf die Steine. Muss also wirklich tödlich sein, mit diesem Wasser in Berührung zu kommen! Hier macht er wieder seine Spezialität, wenn ihm was zu suspekt ist, er andererseits aber machen will, was ich sage: Die Hinterbeine kommen zwar vor, aber die Vorderbeine bleiben auf der Stop-Linie. Richtig... Er bäumt sich auf...

Ich muss also mal wieder runter vom Pferd und nehme das lange Seil, das er um den Hals hat, am einen Ende und stelle mich auf die andere Seite des Baches. So stehen wir also. 5 Minuten. 10 Minuten. Immer wieder zupfe ich ein bisschen am Seil – nur nicht ziehen, dann lehnt er sich dagegen und kommt erst recht nicht. Probiere es schließlich an anderer Stelle, dort wo keine Furt ist. Hier ist das Wasser zwar tiefer, aber er hat diese Stelle eventuell noch nicht als so traumatisch abgespeichert. Ich setze mich auf einen Stein im Bach und versuche, ihn mit rosigen Zukunftsaussichten von Tamera und einer Pferdeherde im Alentejo zu überzeugen. Und tatsächlich, irgendwann fasst er sich ein Herz und steigt ins Wasser. Hallelujah!

Was andererseits die „großen Schleifen" betrifft: Um die Mittagszeit kommen wir durch einen Weinberg. Dort wird gerade geerntet und wir bekommen Trauben geschenkt, die Flambo als roter Saft aus dem Maul triefen. Die Leute fragen: „Wir haben heute Morgen dort nebenan auf dem Hügel jemanden mit einem weißen Pferd wandern sehen, wart ihr das?" ...Wenigstens haben wir an dem Punkt die großen Schleifen beinahe hinter uns gebracht! Bald danach wandern wir mal wieder durch eine kleine verschlafene Ortschaft mit Wasserstelle, aus der mein Pferd aber nicht trinken will. Langsam wundere ich mich, wie wenig Wasser so ein Pferd braucht. Jedenfalls hat meines nie Durst!! In Usclas du Bosc finden wir die nächste Wasserstelle – ein überdachter Platz, wo das Wasser mittels eines Ausflussrohrs in einen Brunnen plätschert– und siehe da: mein Pferd entscheidet sich dafür, das Wasser manchmal (aber nur manchmal!) anstatt für tödlich dann doch für überlebensnotwendig zu halten: Er trinkt tatsächlich aus dem Brunnen. Zum Glück habe ich ja für Notfälle einen faltbaren Stoffeimer dabei, den mir Rudolf und Christine vermacht hatten. Dass der mal so sehr ständig zum Einsatz käme, hätte ich nicht gedacht. Jeden Tag drei Notfälle...

So wandern wir weiter, bis ich denke, dass es nach Lodève nun nicht mehr weit ist. Wir sind im Wald und ich suche uns eine Lichtung, die von Dornengestrüpp als natürlichem Wall eingerahmt ist. Die offene Seite verschließe ich mit dem Strick. Für meinen Schlafplatz muss ich allerdings erstmal lauter Babydornen mit meiner Möchtegern-Kneifzange (das Teil am Multitool) abzwicken, sonst macht es meiner selbstaufblasenden Luftmatratze schon hier den Garaus. Das dauert und nach einer Weile merke ich, dass Flambo nicht mehr da ist. Er hat sich tatsächlich durch die Dornen gedrückt – was mir weit weniger leicht fällt als ihm (aua!) – und grast sich irgendwo seelenruhig in Richtung Heimat. Dann muss er über Nacht leider doch angebunden stehen, und ich muss eben doch ein paar Mal aufstehen, um ihn woanders hinzubinden, damit er grasen kann – gerade weil es hier fast nichts gibt. Mir tun die Beine und Füße weh – ich hatte doch nie vor, so viel zu laufen! Ca. 58 km bis hierher plus die Umwege von gestern, das sind bestimmt schon 68 km. Die nächste Etappe ist Lodève mit 7.000 Einwohnern. Ist das so wie Aniane? Hoffentlich ist es nicht viel größer.

Es sieht nicht nach Regen aus, also schlafe ich unter freiem Himmel.

Achtzig Meter Elektrozaun

13 km • Vor Lodève – Lodève - Le Puech

„Das Herz des Menschen plant seinen Weg, aber der Herr lenkt seine Schritte."
 (Spr 16.9)

Montag, 11. September ✧ Morgens die übliche Routine im Wald. Pferd untersuchen, putzen, Hufe kontrollieren, satteln, Gepäck aufladen. Nach Lodève dürfte es ja nun nicht mehr weit sein, denn in meiner Pilgerbibel liest es sich so: „Im Dorf [Usclas du Bosc] folgen Sie rechts der Rue de la Viergen und danach dem Weg rechts bergauf. Sie gelangen zu einem Forstweg, der rechts durch den Pinienwald zur D 153 führt. Auf der Landstraße gehen Sie links weiter und kommen am ehemaligen Priorat vorbei." Irgendwo da müssten wir so ungefähr sein und folglich müsste es also ungefähr so weitergehen: „Sie folgen immer weiter der D 153 bergab. Einmal können Sie rechts auf einem Waldweg, danach auf dem Pfad links eine Schleife der Landstraße abkürzen. Dann gehen Sie weiter auf der D 153 bergab und kurz vor der Stadt unter der Autobahn durch." Na, das wäre doch gelacht. Lodève, wir kommen!

Wie genau ein Pinienwald aussieht, kann ich jetzt auch nicht sagen, aber Bäume erkenne ich und einen Wald auch. So marschieren wir also frohgemut los – ich in der Hoffnung, Lodève binnen kurzem zu erreichen, Flambo in der Hoffnung,

Hinunter nach Lodêve – Mo 11.9. 9:59 Uhr

dass wir vielleicht doch bald mal umkehren. Es geht durch kleine Bäumchen, die teilweise wieder sehr eng stehen und mein breiter gelegtes Pferd bleibt immer wieder stecken oder mit den Satteltaschen hängen. Ich reite nicht, sondern will dieses kurze Stückchen lieber führen. Doch das kurze Stückchen zieht sich und zieht sich... und zieht sich... und nach zwei Stunden ist Lodève immer noch nicht in Sicht und wir mäandern weiterhin durch einen ...ähm... Pinienwald? Verlaufen haben wir uns wohl nicht, die Richtung stimmt, mein Micky-Maus-Kompass ist Gold wert! Ich hab mich wohl einfach mit dem Abreisepunkt vertan. Nach einer weiteren halben Stunde kommt Lodève in Sicht und das erste, was mir ins Auge sticht, ist ein riesiger, total mit Grabsteinen vollgestopfter Friedhof, der von oben besonders malerisch aussieht.

Vielleicht finde ich hier mal ein Internetcafé, um meine Emails zu checken oder mir einen ADAC-Routenplan anzuschauen. Außerdem muss ich mir Wanderkarten kaufen, denn inzwischen wird mir immer klarer, dass die Pilgerbibel manches doch nicht hergibt. Und dass der Jakobsweg durch Frankreich mitnichten der direkte Weg nach Santiago de Compostela ist. Diese Via Tolosana der Neuzeit kann doch nicht die Römerstraße durch Südfrankreich gewesen sein! Vermutlich verlief diese in der Ebene genau dort, wo jetzt die Autobahn verläuft, schließlich wollten die alten Römer auf ihrer Straße auch vorankommen und nicht nur Sehenswürdigkeiten bewundern. Wohingegen mein Wanderführer zum Wandern gemacht ist und das scheint mit Vorankommen nur am Rande was zu tun zu haben. Die Wanderwege sind für Wanderer – sprich: Fußgänger – sehr schön und fürs Pferd oft total ungeeignet. Sie dienen auch nicht dem Vorankommen, sondern dem Erleben der Landschaft und gehen immer wieder vom geraden Weg weg, um hier noch eine besonders schöne Aussicht 2 km rechts vom Weg mitzunehmen und dort noch eine altes Felixkreuz 2 km links vom Weg zu bestaunen. Wir bewegen uns sozusagen in Schlangenlinien vorwärts, wobei die grobe Richtung durch den geraden Weg vorgegeben ist, nur eben ungefähr drei Mal so viele Kilometer.

Langsam reift in mir der Entschluss, nicht mehr der neuzeitlichen Via-Tolosana-"Der-Weg-ist-das-Ziel"-Strecke zu folgen, sondern mir leichtere und schnellere Wege per Gebietskarten selbst zu suchen. Ich kann ja immer noch die Richtung des Büchleins beibehalten und auch die Etappenziele... Aus meinem unterwegs-Tagebuch: „Heute nach drei geschlagenen Stunden total erschöpft in Lodève angekommen, das wir doch gestern schon erreichen wollten.

Die Via Tolosana ist was für solche, die echt was zu büßen haben! Oder vielleicht für beinharte Wanderfreaks, denen der Weg nicht schwierig und lang genug sein kann – schließlich zählen da die Strecken- und nicht die Entfernungs-Kilometer. Oder für Idylliker mit enorm viel viel viel Zeit. Nach diesem ganzen Geklettere durch ausgetrocknete Bachbetten rauf und runter wird uns eine einfache Landstraße gut tun."

Leider werde ich beim Internetcafé weggeschickt („wir schließen"), als ich dort ankomme. Dabei wollte ich meinem Sohn endlich eine Nachricht schicken und außerdem müsste ich dringend mein Handy mal aufladen. Irgendwie spricht mich ein arabisch aussehender Mensch an und fragt nach dem Woher und Wohin. Ich erzähle es ihm und er meint, er hätte eine Koppel, auf der er sein(e?) Pferd(e?) immer mal wieder stehen hat und wenn ich wollte, könnte ich dort übernachten. Da gäbe es auch einen Wohnwagen für mich zum Schlafen. Das finde ich natürlich super, aber eigentlich wollte ich heute noch ein Stückchen weiter und erst hinter Lodève einen Schlafplatz suchen. Außerdem liegt seine Koppel zwar grob in der richtigen Richtung, nur will mich meine Pilgerbibel gen Westen und dann Süden weisen, während der Schlafplatz gen Süden und dann Westen liegt. Ich müsste so wirklich ein ganzes Stück komplett ohne Führer und nur mit den Gebietskarten weitermachen. Er bittet mich zu seiner Familie in die Wohnung – ich glaube, ich lade dort mein Handy im Angesicht einer vermummten Frau, während Flambo unten an einen Baum gebunden wartet. Wo die Koppel ist, erklärt er mir und dann ziehe ich wieder los. Ich habe mich entschieden, nun die „Wege des Herrn" zu verlassen, bzw. zumindest die Via Tolosana für eine Weile. Was außer Internet auch noch wichtig ist: Ich muss dringend noch „Elektrolitze" kaufen – bzw. einfach möglichst viel weiße Schnur, die Flambo dann hoffentlich für Elektrolitze hält! Gerne würde ich ja auch Haferflocken kaufen, so wie bei uns, aber ich kann nirgendwo welche finden. Auch Müsli nicht. Wie dumm! Denn genau das hatte ich eingeplant. Das einzige Getreide, das man hier als „Ceréals" (= Getreide) im Supermarkt kaufen kann, sind Cornflakes. Und halt so Zuckersachen wie Honigpops, die mit Getreide nicht mehr viel zu

80 m Elektrotaun!
gekauft in Loutève für 2,85 €

Mo 11.9. 16:05 Uhr

tun haben. Immerhin finde ich wenigstens ein Anti-Mückenmittel für mich und eben Cornflakes fürs Pferd. Kaufe auch ein paar Bananen und mische ihm zwei davon unter die Cornflakes, aber „Was der Bauer net kennt, des frisst er net." und so muss ich seine Cerealien dann in den Müll kippen.

Die Koppel entpuppt sich als ziemlich großes eingezäuntes Gelände vor Le Puech, auf dem fast gar nichts wächst, aber dafür viel Gerümpel in allen Ecken herumliegt und -steht. In Deutschland würde man nie und nimmer ein Pferd auf so einen Platz lassen. Ich laufe überall herum, um die größten Gefahrenquellen zu beseitigen und zu schauen, ob der Zaun auch dicht ist. Des weiteren hoffe ich auf den, auf diesem Platz sicherlich diensthabenden, Pferdeschutzengel. Wenn Monsieur L'Arabes Pferde hier überlebt haben... Wasser hat Flambo in der Stadt bekommen, hier gibt es keins. Bevor es dunkel wird, kann ich mich noch mit den Gebietskarten beschäftigen und ein bisschen was ins Tagebuch schreiben: „Und außerdem wird morgen aus dem (Pack-) Esel ein (Reit-) Pferd. Das war soo schön heute! Reiten .... REITEN. Ab hier mach ich auf dem GR7 weiter bis Salvetat Dingens. Landsträßchen! Halleluja. Wo mein Pferd doch sowieso beschlagen ist. Die Via Tolosana ist noch dazu ein Hufkiller und Pferdebeinbrecher. Wenn sie da oben in den Hügeln so weitergeht wie bisher, würde ich pro Tag nur 6 km echte Streckenentfernung schaffen. Bei totaler Erschöpfung.“

Vom rechten Weg

13 km • Le Puech – Dio et Valquières

„Darum, so spricht der Herr, HERR: Ich will einen Sturmwind losbrechen lassen in meinem Grimm, und ein überschwemmender Regen wird kommen in meinem Zorn...“ (Hes 13,13)

Dienstag, 12. September ✧ Nach der Morgentoilette inkl. Satteln und Gepäck-Festzurren, muss ich morgens auf dem Weg erstmal Kraftfutter für Flambo finden. Ich suche also nach einem Bauernhof oder sowas. Sie füttern hier allen Huftieren vor allem Gerste, Hafer ist nicht zu bekommen, auch wenn ich noch so gerne welchen hätte, in der Hoffnung, das würde mein Pferd ein bisschen motivieren. Er ist quasi ständig mit angezogener Handbremse unterwegs, seine Schritte gehen selten so richtig nach vorn. Außer ich drehe mal um und reite ein Stück zurück, dann kann er plötzlich traben wie ein richtiges Pferd. Ein Stück-

Di 12.9. 14:31 Uhr - *Irgendwo hier liegen Jacke und Kompass vielleicht immer noch...*

chen hinter Le Puech finde ich etwas, das wie ein Bauernhof aussieht. Ich würde da gerne hinreiten, aber Flambo bleibt plötzlich wie vom Donner gerührt stocksteif stehen. Es dauert eine Weile, bis ich verstehe, dass es an dem schmalen Metallgitter liegt, das quer über den Weg läuft. Ach so! Es könnte ja eines der tödlichsten Dinge überhaupt darunter lauern: *Wasser*!! Eigentlich möchte ich

nicht absteigen, weil es schwierig ist, das Bein über das Gepäck drüber zu bekommen – vor allem beim Wieder-Aufsteigen. Außerdem rutscht der Sattel.
Aber Flambo geht eben nicht und am Ende steige ich doch ab. Der Bauernhof
heißt Domaine de Moulin und ich bekomme wieder Gerste geschenkt. Und muss
mir zum Wieder-Aufsteigen ein Mäuerchen oder etwas ähnliches suchen.

Heute bin ich gefrustet. Weil wir uns schon wieder verlaufen hatten. Weil wir bis
mittags wiedermal nicht sehr weit gekommen sind. Weil mich das ewige Auf-
und-Absatteln-und-dabei-Zeit-Verlieren nervt. Weil ich dieses Hinterhergezerre
hasse. Es ist nämlich manchmal schon schwierig genug, mich selbst zu motivieren. Und dann noch das Pferd... Um die Mittagszeit herum mache ich eine Pause, sattle mal wieder ab und heule mich aus. Wenn das so weitergeht, brauchen
wir ein Jahr, aber soviel Zeit (=Geld) habe ich nicht. Wenn das so weitergeht,
geht gar nichts weiter... Ein schwarzer Tag.

Doch es kommt noch dicker. Zunächst mal schleppe ich mich ohne jegliche Motivation voran und beim Aufstieg esse ich als Kraftfutter Erdnüsse. Die ich aber
anscheinend nicht vertrage und einen richtigen Schwächeanfall bekomme. Bin
ich gegen Erdnüsse allergisch? Ab jetzt nehme ich als Kraftfutter für mich lieber
Trockenfrüchte... Bei Flambo reicht's jetzt mit Geschmeichel. Ich reite immer
wieder einmal und sein Rumgedrehe spornt mich erst richtig an. O.k., wenn du
umdrehen willst, dann tu es, aber dann zurück mit Tempo! Nach drei Malen dieser Aktion hat er's satt. Doch es bleibt ein Eiertanz. Irgendwo andere Pferde und
er spinnt rum, irgendwo ein Hund oder ein Tor etc. p.p. Steige immer wieder ab
und komme dann kaum noch rauf, weil der Sattel rutscht. Muss mir jedes Mal
ein Mäuerchen suchen oder eine Böschung oder eine Bank – peinlich!

Im Endeffekt bin ich doch die meiste Zeit gelaufen. Nachmittags regnet es los
und ich habe irgendwo beim Aufstieg meine schöne warme Jacke verloren, die
mit den vielen Taschen und mit Kapuze, die mir schon so lange so gute Dienste
geleistet hatte. Und mein geliebter und überaus wichtiger Micky-Maus-Kompass
war da drin! Als ich es gemerkt hatte, wollte ich auf keinen Fall umkehren, wir

kommen ja so schon kaum voran! Ich hasse die ganze Welt und auch das Pferd, weil ich mich wegen ihm nicht umdrehen kann, um beim Gehen immer wieder das Gepäck zu kontrollieren. Bei jedem Zurückschauen meinerseits hält er an! So stehe ich also dann bei Dio ohne warme Jacke im Regen, es gewittert und schüttet wie aus Eimern – stundenlang! - und mir ist schrecklich kalt. Habe Flambo mit dem Armee-Poncho abgedeckt, damit wenigstens die Ausrüstung in den Satteltaschen trocken bleibt. Ich selbst ziehe den gelben Regenponcho über, den ich bisher nur auf dem Fahrrad und nie unter solchen Extrembedingungen getestet hatte. Er ist überhaupt nicht wasserdicht! Der Wind und Sturm drückt das Wasser einfach durch, es läuft mir am ganzen Körper hinunter, mir ist eiskalt, doch wenn ich mich bewege, ist es noch kälter. So stehe ich bewegungslos da und halte Flambo fest. Der frisst wenigstens seelenruhig, bis ich mich davonmache, um mich an eine Mauer mit Efeu im Windschatten schutzsuchend hinzukauern. Da wartet er dann, hört auf zu fressen und schaut mir hinterher. Ich hangele mich währenddessen von einem möglichen Schutz oder Unterschlupf zum nächsten und finde schließlich eine mit Kette gesicherte gemauerte Arkade vor einer Hauseingangstür, wo ich das Pferd hinbringe und mich einigermaßen trocken umziehen kann. Anscheinend ist keiner zuhause.

Als es aufhört zu regnen, stiefeln wir den Berg hoch und als wir oben sind, merke ich, dass ich die Karten verloren habe!!! Jetzt doch zurück. Wieder Dio-et-Valquières, wieder Regen, wieder Arkade. Keine Karten. Dafür aber ein möglicher Schlafplatz im Schutz eines Wellblechunterstands. Ein älterer Mann erklärt mir von einem Garten am Ortsausgang den Weg. Dritter Feldweg links. Kaum habe ich mich dort häuslich eingerichtet, kommt ein misstrauischer Typ an. Seinem Onkel gehört nämlich das verwilderte Plätzchen. Er holt Mais für mein Pferd und sein Onkel hat gar nichts erlaubt, aber ich darf trotzdem bleiben. Doch, sag ich, dritter Weg links, Wellblech-Hütte, Pferdekoppel. Ach so, meint er, das ist da hinten... Ganz da unten und ganz abgelegen ist das, wo er hinzeigt. Ich dagegen bin jetzt ganz nahe der Straße.

Ob es ein jüngerer Typ gewesen wäre, der mir die Hütte leihen wollte? Nö, ein älterer. Er hätte nämlich vorhin einen jüngeren Typen da runterfahren sehen... Stimmt, der war am Gartenzaun dabeigestanden und hatte zugehört... Jetzt wird's mir doch ein bisschen mulmig. Wer weiß, wozu es gut ist, dass ich mich in der Wellblech-Hütte vertan habe und der mich nicht finden konnte. Vielleicht wollte er mir ja nur einen warmen Tee bringen, aber das hätte er vorhin ja auch sagen können, dass er da noch hinkommen will und nicht jetzt so klammheimlich da rumkurven. Also irgendwie bin ich froh, *nicht* da unten in dieser abgelegenen Wellblech-Hütte zu sein, sondern hier oben in dem verfallenen Unterstand, in den es überall reinregnet. Der Tag war eh schon schwarz genug gewesen. Meine ganzen Sachen sind feucht oder nass. Sehr gemütlich... Ich will zurück auf den Jakobsweg.

Dornen und Disteln

6 ? km • Dio et Valquières – Boubals ?

„Und es wird an jenem Tag geschehen, dass jeder Ort [...] den Dornen und Disteln gehört."
(Jes 7,23)

Mittwoch, 13. September ✧ Weiter geht es in nassen Klamotten, jetzt hänge ich aber *mir* den Armee-Poncho über, es nützt ja eh nichts, wenn ich die Sachen in den Satteltaschen zu schützen versuche. Irgendwann sind die sowieso nass. Der Armee-Poncho ist voller winziger Löcher; das kann man sehen, wenn man ihn gegen das Licht hält. Ich sollte was besorgen, mit dem man wenigstens die größten zukleben kann... Die Wildnis ist voller Dornen überall. Das merkt man erst, wenn man nicht so ganz normal mit oder auch ohne Pferd unterwegs ist. Dann nämlich, wenn es mal ans tägliche Übernachten auf der Hightech-Luftmatratze geht und man jeden Abend Dornengestrüpp abzwickt, sobald ein Schlafplatz gefunden ist. Mir wird immer klarer, dass dieses Pferd jede Menge Probleme hat, aber ich kenne mich nicht gut genug aus, um zu verstehen, woran das liegt. Hier mal eine ausführliche Liste der Misslichkeiten:

⇩ Warum ist er so unmotiviert? Die meiste Zeit lässt er sich ziehen. Und das meine ich wirklich so. Er geht immer so, dass sein Kopf weit vorgestreckt ist und ich eine gewisse Kraft aufwenden muss. Mir tun die Arme weh. Schulterauskugeln in Zeitlupe... Anscheinend meint er, das gehört so und ist das reguläre Signal fürs Vorwärtsgehen.

⇩ Sobald ich ihn anschaue, bleibt er stehen. Also: Bloß nicht umdrehen!! Weil er dann eben sofort anhält. Es ist ja so, dass *mein* Umdrehen *und* Stehenbleiben auch für ihn Stehenbleiben bedeuten sollte, aber nicht mein Umdrehen allein. Ich trau mich schon nicht mehr, zurückzuschauen. So habe ich meine schöne Jacke und den Kompass verloren...

⇩ Er denkt nur ans Fressen. Wo es nur irgendwie möglich sein kann, dass er an was rankommt, reißt er den Kopf runter.

⇩ Er kann nicht geradeaus bergauf gehen. Wenn ich ihn lasse, wandert er jede noch so kleine Steigung in Zickzacklinien hoch.

⇩ Er kann erst recht nicht bergab gehen. Da setzt er im Zickzack in winzigen wohlbedachten Schrittchen einen Huf vor den anderen, als hätte er einen Stock verschluckt. Könnte ja sein, dass man eine Lawine lostritt!!

⇩ Des Weiteren hat er solche Angst vor Hunden, dass alles, was auch nur entfernt an einen Hund erinnert, schon das Label „Hund" bekommt. Z.B. Hofeinfahrten, Hauseingänge, Kellerfenster (es könnte ja ein Hund dahinter lauern!), Schafe (sind so groß wie ein Hund) etc. Das ist auch der Grund, warum er so merkwürdig stocksteif durch Ortschaften läuft... Wie auf Stelzen... Irgendwann vor St. Guilhem Le Désert verbellte uns mal ein Hund von einem *Balkon* aus und ich konnte Flambo nicht dazu bringen, an der Stelle weiterzugehen, obwohl der Balkon echt weit weg war.

⇩ Mit Wasser ist es das Gleiche, das habe ich weiter vorne schon beschrieben.

⇩ Auch vor Stöcken und den Geräuschen, die sie machen, scheut er.

⇩ Er scheut mit Vorliebe natürlich mitten auf die Straße.

- ⇩ Seine Durchschnittsgeschwindigkeit liegt bei ungefähr 3 km pro Stunde.
- ⇩ Sobald er irgendwo andere Pferde sieht (und sei es nur in spiegelnden Schaufensterscheiben!), spinnt er rum.
- ⇩ Er dreht alle naselang um.
- ⇩ Er bäumt sich auf, wenn er wo nicht langgehen will. Wenn ich ihn dann weitertreibe, keilt er auch noch gleichzeitig aus. Bei der Hofreitschule nennt man die Figur „Kapriole" - wo hat er das nur gelernt?!

Weniger schlimm sind für mich die folgenden Eigenarten, ich komm damit zurecht, nervig ist es aber trotzdem:

- ⇔ Er bleibt im „Gefahren"-Falle einfach stocksteif stehen, mit hochgerissenem Kopf, aufgerissenen Augen und Nüstern. Aber lieber Scheuen und Glotzen als Scheuen und Wegrennen. Das ist für meine Begriffe besser, weil weniger gefährlich. Das Optimum ist es allerdings nicht.
- ⇔ Seine reiterliche Grundausbildung beschränkt sich auf „den Reiter möglichst ignorieren" (immerhin besser, als ihn loswerden wollen!) und „einem Schweif hinterherlaufen". Lenken geht nur, wenn ich es mache, wie der Bereiter aus St. Guilhem, nämlich beide Arme an den Seiten so ausstrecke, dass er sie sehen kann. So versteht er, dass er mit seinem Kopf genau zwischen meinen ausgestreckten Händen bleiben muss und das macht er dann auch.
- ⇔ Hin und wieder läuft er weg, wenn ich ihn holen will, aber da habe ich einfach jedes Mal ein bisschen Join Up (Monty Roberts) gemacht und inzwischen scheuche ich ihn in dem Fall nur kurz weg und er lässt das Weglaufen. Ja, richtig gelesen! Wenn er abhauen will, scheuche ich ihn weg! Umgekehrte Pferdepsychologie... Auf den Koppeln, wo ich bisher übernachtet habe, konnte ich das mit dem Join Up gut anbringen, weil er ja nicht wirklich weglaufen konnte. Und wenn ich mit Futter klappere und ihm pfeife, kommt er zumindest näher, so dass ich ihn holen kann.

⇔ Hufe gibt er nicht, da muss ich ziemlich herumzerren, aber das kriegen wir noch hin, denn es ist bis jetzt schon besser geworden.

⇔ Er ist beim Futter extrem wählerisch, was mich teilweise vor Probleme stellt, andererseits aber auch wieder gut ist, weil ich so trotz seiner Fressgier nicht aufpassen muss, dass er was Giftiges frisst.

Was das Verhalten betrifft, hat er aber auch ein paar große Pluspunkte:

⇑ Das Gute an ihm ist, dass er ein sehr freundlicher Kerl ist. Null aufdringlich, normalerweise ein richtiger Gentleman. Bis auf einmal, als er mich ins Bein zwickte, wahrscheinlich weil er da irgendwo Leckerlis vermutete. Da ich aber normalerweise nie aus der Hand fütterte, passierte das wirklich nur einmal.

⇑ Sein grundsätzliches „einem-Schweif-Hinterherlaufen" hat beim Führen Vorteile, weil er mir mittlerweile beinahe überallhin nachläuft, wenn ich ihn führe. Hauseinfahrten, Unterstände, Gräben, an Hunden vorbei...

⇑ In den Hänger ging er beim Transport von Le Grau du Roi nach Grabels fast sofort, also auch da keine Probleme.

⇑ Anscheinend ist er gewöhnt, sich nicht allzu sehr gegen Druck zu lehnen. Als er sich das eine Mal nachts quasi selbst den Kopf mit dem Führstrick ans Bein fesselte, hat er zum Glück nicht dagegen gekämpft.

⇑ Und was er besonders gut kann, ist festgebunden stehenbleiben. Es ist beinahe so, als würde er jeden Laternenpfahl, an den ich ihn anbinde, sofort als Heimat adoptieren. Ich binde ihn an – Entspannung! Endlich daheim...!

Es könnte also schon noch schlimmer sein, aber das kann es ja meistens. Wie weit wir heute kommen, weiß ich nicht, denn im Notizbuch steht „Ballagues", aber so einen Ort gibt es nicht und schon gar nicht auf unserer Strecke. Es könnte Boubals sein, aber dann wären wir heute nur 6 km weit gekommen, was ich mir auch nicht vorstellen will! Es regnet. Kalt.

Do 14.9. 11:24 Uhr - Das Wirtshaus im Spessart

Die Sintflut

15,5 km • Boubals – St. Gervais sur Mare

„Ich versinke in tiefem Schlamm, wo kein Grund ist; ich bin in tiefe Wasser geraten, und die Flut will mich ersäufen. " (Ps 69,3)

Donnerstag, 14. September ✧ Das Wetter bleibt weiterhin regnerisch und ich friere. Beim Flüsschen Mare schließen wir wieder auf die Via Tolosana auf. Bis St.-Gervais-sur-Mare geht es an der D 922 entlang. Ich reite auf dem Standstreifen, wenn es einen gibt, oder am Straßenrand. Es regnet in Strömen und regnet in Strömen und regnet in Strömen. An Fotografieren ist nicht zu denken;

erstens sieht man vor lauter Regen die Hand vor Augen nicht, zweitens habe ich keine Unterwasserkamera. Heute *muss* ich in eine Herberge, damit meine Sachen zur Abwechslung mal wieder trocken werden. Im gelben Büchlein steht die Nummer der Stadtverwaltung für eine „Gite d'Etape" mit Küchenbenutzung. Reservierung erbeten. Ich glaube, ich rufe dort an und reserviere, bin nur nicht ganz sicher, wie, denn mein Handy konnte ich zum letzten Mal ein bisschen in Lodève aufladen, da liegen 3 Tage dazwischen und Handy-Akkus hielten damals nur zwei Tage. Auf offener Straße spricht mich vor St. Gervais ein sehr netter Mensch aus dem Auto heraus an. Fragen, wie immer nach dem woher und wohin, führen dazu, dass er mir einen Bekannten vermittelt, der hier Pferde hält und der mir bestimmt einen Übernachtungsplatz für Flambo verschaffen kann. A.N. kommt und der Platz entpuppt sich als eine zugige offene Lagerhalle mit marodem Dach, durch das es durchwindet und durchregnet. Weiter hinten steht ein angebundenes Pony, dem man nicht zu nahe kommen darf. Flambo soll ich dann weiter vorne anbinden. Es liegt hier wieder allerhand Zeug rum, bergeweise Holzbalken und was-weiß-ich-noch. Wo die hier Pferde unterbringen!! Ich bin erschöpft; Flambo bekommt Futter. Sattel und so werden irgendwo auf den Holzbalkenbergen an einer einigermaßen trockenen Stelle verstaut und ich geh los zur Herberge, denn da muss man vor 18 Uhr einchecken. Das wird seit 14 Tagen meine erste Nacht in einem richtigen Bett werden. Viel lieber als in der Lagerhalle hätte ich Flambo ja hier draußen bei mir an die Bäume gebunden.

Dass es so schwer werden würde, hatte ich mir nicht vorstellen können. Eigentlich bin ich völlig ungeeignet für ein solches Unterfangen. Ich habe weder Erfahrung mit dem Besitz und dem Training eines Pferdes, noch mit dem Wandern, geschweige denn mit Wander*ritten*. Ich muss mir von der Kondition bis zum Wissen *alles* in allen Bereichen unterwegs aneignen. Die Pflege eines Pferdes, das Lesen von Wanderkarten, das Trainieren eines Pferdes, das Pflegen der Ausrüstung, welche Ausrüstung ist überhaupt wirklich funktionell, etc. p.p. Aufgeben? Kann mir überhaupt nicht vorstellen, dass ich mein Vorhaben schaffen kann. Auch dieses furchtbare Wetter trägt seinen Teil zu meiner Demoralisierung bei. Wie schnell hab ich denn mein Pferd zum Verlasspferd trainiert?? Wie werden wir den Satteldruck wieder los, damit ich reiten kann und nicht immer laufen muss? Welche Strecken sind zum Reiten geeignet? Wann kann ich vertrauensvoll an einer Straße entlangreiten, ohne dass Flambo scheut? Wann können wir traben, um flotter voranzukommen? Wann wirst du einen flacheren raumgreifenderen Schritt und Trab entwickeln und wodurch?

All das unterwegs hervorzubringen, ist ein Mammut-Job. Kann ich meine Moral damit heben, mir vorzustellen, wie wir siegreich ankommen? Die Kilometer dürfen erstmal keinerlei Rolle spielen, sonst bekomme ich es derart mit der Angst zu tun, dass ich sofort aufgebe. Dennoch mahnen sie mich leise im Hintergrund. Auch die Heimatlosigkeit ist ein Problem. Ich hatte gedacht, ich würde alles loslassen und einfach unterwegs sein, doch immer wieder erschrecken mich die tausend Unsicherheiten dieser Fahrt ins Ungewisse. Ich werde mit allen Ängsten konfrontiert, die ein Mensch nur haben kann. Oder sind das neurotische Existenzängste? Was, wenn ich bei so einem Sauwetter mal *keine* Hilfe finde? Doch eigentlich ist es müßig, das zu fragen, weil *immer* Hilfe kommt! Morgen geht es weiter und ich könnte heulen vor Angst. Weit weg von zuhaus...

Was ich auch noch nicht bedacht hatte: Zwar ist das Pferd sozusagen das Auto früherer Zeiten, aber in diesen früheren Zeiten war eben alles auf Pferde eingerichtet. Die Wege waren pferdegerecht, die Unterkünfte hatten Ställe und Stallburschen. Hufschmiede gab es überall... Ich seufze den „Herr-der-Ringe-Zeiten" hinterher, in denen Gaststätten noch „Zum tänzelnden Pony" hießen. Im Zeitalter der Internet-Cafés ist es *mit* Pferd schwieriger als ohne. Oder ist das nur, weil mir die Kenntnis und Erfahrung fehlt? Der Mensch ist ein Schwächling, den schon so ein bisschen Dauerregen aus dem Tritt bringt. Und das Pferd bemüht sich zwar, aber mir wäre es lieber, es wüsste das schon alles, was es jetzt noch lernen muss. Und doch machen wir Fortschritte. Heute ca. eine dreiviertel Stunde an der Straße entlang geritten. Gestern hast du deinem ersten Hund die kalte Schulter gezeigt und heute dein erstes Dorf mit all den Hauseingängen und Mülltonnen ohne Stelzen bewältigt...

Jakobsmuscheln und Stacheldraht

Ruhetag • St. Gervais sur Mare

„Da nahm Haman das Kleid und das Pferd und bekleidete Mardochai und führte ihn auf die Gassen der Stadt..." (Est 6,11)

Freitag, 15. September ✦ Heute komme ich nicht weiter, es gießt immer noch in Strömen und die zwei durchnässten Tage und Nächte haben mir so total gereicht! Außerdem ist es eiskalt. Zum Glück bin ich nicht krank geworden. Henry (der Mensch aus dem Auto gestern) wollte sich eigentlich gestern nochmal melden, wir hatten uns super unterhalten, aber leider tut er das nicht. Jedenfalls nicht bei mir, denn sein Kontakt zu mir geht über A. N. Der dagegen hat mir angeboten, mit mir nach Bédarieux zum Einkaufen zu fahren. Dort kaufe ich später so gelbe Regenklamotten, ziemlich schwer und unbequem, Kleber für den Armee-Poncho und ein Käppi, damit mir die Kapuze des Regenzeugs nicht immer über das Gesicht rutscht. Bis es aber endlich soweit ist, nimmt A. N. mich mit zu sich nach Hause – jetzt bin ich in seiner Gewalt, denn ich will ja zum Einkaufen! - und erzählt mir Storys über die verschiedenen Frauen, die er irgendwie gerettet hat, weil sie z.B. obdachlos waren oder drogenabhängig. Wo sind die nur jetzt?? frage ich mich. Er scheint auch von mir zu glauben oder zu wünschen, dass ich einen Retter brauche, der mein Leben in die richtigen Bahnen lenkt. Zumindest obdachlos bin ich ja irgendwie. Eigentlich wollte ich heute Tagebuch schreiben, was wegen der Nässe die letzten Tage nicht ging, und vorher nur eben schnell diese Sachen kaufen, aber es hat sich mit „nur eben schnell"! Während sich bei A. N. und seinen Geschichten, die ich peinlich finde und eigentlich gar nicht hören will, sowieso schon alles hinzieht, kommt plötzlich der Katastrophenalarm: Sein Hengst ist ausgebrochen und auf irgendeiner Straße gesichtet worden. Wir fahren in den schroffen Hügeln im Regen herum zu einem eingezäunten Stall mit zwei Türen. Er schließt die rechte davon auf und drinnen im Dunkeln – kein Fenster! - wartet ein klapperiger Brauner mit milchigen Augen und watet durch seinen eigenen Mist. Ich frage vorsichtig, ob der nicht mal rauswill, A. N. sagt, nö, das ist auch ein Hengst und der ist alt und schon fast blind/taub und wenn der rauskäme, würde der andere Hengst ihn umbringen. Aus dem zweiten fensterlosen Stall daneben hat sich der andere Hengst wohlweislich davongemacht. A. N. telefoniert währenddessen, und wenn er nicht telefoniert, dann klingelt ständig sein Handy. Er ist bestimmt der wichtigste Mann in ganz St.-Gervais-sur-Mare!

Wir fahren mit dem Auto bergauf, bergab, suchen Straßen ab und finden irgendwann tatsächlich einen prächtigen grauen Apfelschimmel-Hengst auf der Landstraße. Seine breite Brust ist blutig zerfleischt, das war der Stacheldraht, durch den er todesmutig durchgebrochen ist. Ansonsten scheint er aber nichts zu haben, er wirkt nicht krank. Mit einem Strick und Halfter wird er eingefangen. Eine ganz junge Frau ist bei ihm und sagt, sie würde das Pferd heimreiten, kein Problem, sie kennt es gut. Ohne Sattel...? nur mit Stallhalfter...? einen Hengst...? ein verletztes Pferd...? auf der Landstraße...? Kommt mir jetzt doch ein bisschen riskant vor... A. N. und das Mädchen palavern eine Weile und irgendwann steht da ein Hänger und das Pferd wird abtransportiert. Endlich endlich bin ich mit A. N. dann doch auf dem Weg nach Bédarieux und zurück und denke an diese armen Pferde... A. N. sagt, dass ich ihm in dem Käppi gefalle. Wie schön, genau, was ich wollte! Aber das Käppi ist ja zum Glück auch einfach nur praktisch.

Als ich schließlich nach diesem langen Hin und Her abends endlich wieder in der Pilgerherberge ankomme, muss ich noch den Poncho reparieren, mir meine Jakobsmuschel-Mahlzeit zubereiten und Rudolf anrufen. Die Jakobsmuscheln habe ich wegen der Muschelschalen gekauft und nicht wegen dem Muschelfleisch, ab hier soll mich eine der zwei als Pilgerin kenntlich machen. Ich befestige sie mit Schnüren an meiner „Munitionsjacke". Hier treffe ich einen älteren Schweizer, der schon 3.000 km auf dem Jakobsweg gewandert ist. Topfit ist er, der Gute, und ich beneide ihn darum, wie schnell und weit er pro Tag vorankommt. Ohne Pferd würde ich auch schneller vorankommen, aber dann würde die ganze Tour ja gar keinen Sinn mehr machen...

A. N. will mir morgen Wege zeigen, auf denen man reiten kann und da freue ich mich drauf. Reiten! Auf für Pferde passenden Wegen. Habe heute mein gesamtes Kochgeschirr nach Hause geschickt. Das mit dem Kochen unterwegs klappt sowieso nie: Es gibt nur zu viel oder zu wenig Wasser, nichts dazwischen: Entweder es ist alles so ausgedörrt, dass ich mit jedem Kochversuch nur die ganze Gegend abfackeln würde, oder es stürmt oder regnet mir den Topf vom Gaskocher oder das Feuer aus. Außerdem werde ich, wenn Flambo weiter Fortschritte macht, immer mal wieder in Pilgerherbergen übernachten können. Dort gibt es ja normalerweise Kochmöglichkeiten. Bisher musste ich Ortschaften (und damit Pilgerherbergen) meiden, weil es einfach mit dem Pferd zusammen nicht ging. Inzwischen geht das besser. Hoffentlich ist morgen Pferdereisewetter.

Sa 16.9. 12:53 Uhr - Irgendwo im Nirgendwo...

...und irgendwann im Niemandsland – Sa 16.9. 15:20 Uhr

Ob ich schon wanderte im finstern Tal

26,5 km • St. Gervais sur Mare – Murat sur Vèbre

*„Und ob ich schon wanderte im finstern Tal, fürchte ich kein Unglück; denn du bist bei mir..."
(Ps 23)*

Samstag, 16. September ✧ Es bleibt kalt und regnerisch, aber wir reiten trotzdem ca. 10:30 Uhr ab. Wer weiß, ob es in St.-Gervais-sur-Mare jemals aufhört zu regnen! ...na ja... ...im Winter schneit's... Flambo durfte morgens mal auf die Koppel neben der Lagerhalle und freute sich seiner Bewegungsfreiheit mit allen vier Beinen nach allen Seiten ausschlagend. Rudolf meinte später, als ich ihm das erzählte: „Dann ist er noch jung, sowas machen Fohlen..." Flambos Alter bleibt ein Rätsel, aber wie ein erfahrenes Pferd kommt er mir nicht vor. A. N. zeigt uns den Anfang des Weges und wir ziehen los. Ich möchte mich jetzt doch wieder an meine gelbe Pilgerbibel und die Wege des Herrn, sprich Via Tolosana, halten. Ich reite die meiste Zeit und gegen 17:30 Uhr sind wir in Murat-sur-Vèbre. Minus einer Stunde Pause waren wir sechs Stunden unterwegs für ca. 25 km. Das bedeutet ca. 4,2 km/h. Ist ja schon eine Steigerung gegenüber den bisherigen 3 km/h. Ich verstehe das Wetter nicht. Es ist Mitte September und in der Méditerranée war es bei allen meinen Aufenthalten im September nie so kalt. Im Gegenteil: es war immer ziemlich warm gewesen. Warum muss es gerade dieses Jahr so kalt und regnerisch sein?! Ich hatte damit gerechnet, bis zu den Pyrenäen immer Probleme mit dem Wasser zu haben – aber *andersherum*! Ich hatte gedacht, dass das Mitschleppen von Wasserflaschen und täglicher Durst und Schwitzen ein Problem sein würden und nicht tägliches Ersäuftwerden am Straßenrand unter der Spritzwasserdusche der vorbeirasenden Autos. Aber ich bin froh, dass wir heute mal die 25-km-Marke geschafft haben!

Es gibt hier im Keller des Gemeindehauses eine öffentliche Pilgerherberge, die nur ein paar Euros kostet. Dort ist ein Raum mit durchgelegenen Klappliegen, in dem sechs Personen übernachten können. Alle in einem Raum... Dort quartiere also auch ich mich ein und binde Flambo draußen an einen Baum. Heute Nacht heißt es erneut immer wieder aufstehen, um ihn an anderer Stelle anzubinden. Für die Verpflegung gibt es in der Herberge einen Wasserkocher, weiter nichts; da war die in St.-Gervais um einiges komfortabler. Es ist *totalst* ungemütlich hier und es gefällt mir nicht, mit wildfremden Männern im gleichen Raum zu schlafen. Aber ich will nicht meckern, ich bin ja froh, überhaupt ein Dach über dem Kopf zu haben und nicht im Regen draußen übernachten zu müssen!

Es wird eine unruhige Nacht der tausend Qualen und ich komme zu einer Erkenntnis, die mich fortan stets begleiten wird. Meine zwei Mitbewohner haben ihre Schuhe ausgezogen, das Tor zur Hölle hat sich geöffnet... Ich mache kaum ein Auge zu. Wenn so einer draußen übernachtet, hat er mir gegenüber den Vorteil, dass ihm weder Tier noch Mensch zu nahe kommt, egal ob Mücke, Wolf, Dieb oder der Geist von Arboras, sofern er die eigenen Dämpfe lange genug überlebt! Der große Nachteil dürfte sein, dass einem irgendwann die Schuhe von den Füßen faulen... Oder die Füße gleich mit...

Das möchte ich nun wirklich nicht erleben und schwöre mir, ab jetzt *immer* einmal am Tag unter allen noch so widrigen Umständen meine Füße zu waschen.

Im finstern Tann... - So 17.9. 14:43 Uhr

Geradenwegs zu den Pilzen...

24 km • Murat sur Vèbre – La Salvetat sur Agout

„Und als wir gerettet waren, da erfuhren wir, dass die Insel Melite heiße. Die Eingeborenen aber erzeigten uns eine nicht gewöhnliche Freundlichkeit, denn sie zündeten ein Feuer an und nahmen uns alle zu sich wegen des eingetretenen Regens und wegen der Kälte.“
(Apg 28,1)

Sonntag, 17. September ✧ Morgens ziehen wir um 10 Uhr los und sind um 17 Uhr in La-Salvetat-sur-Agout („Die-Zuflucht-an-der-Agout"). Es ist weiterhin eiskalt und regnerisch. Auf dem Weg übe ich mit Flambo, rechts am Wegrand zu gehen. Außerdem überlege ich, wie wir die Geschwindigkeit beim Führen steigern könnten. An dem Tag mit den „großen Schleifen" hatte ich einmal versucht gehabt, die Führposition zu ändern, weil mir die Arme so weh taten. Aber das ging überhaupt nicht, weil es Flambo verrückt machte, wenn er nicht an mir dranhing, sondern ich an ihm. Das mit den Führpositionen ist ja laut Ferdinand Hempfling so: Je nach Position zum Pferd bilde ich eine Hierarchie in der Rangfolge ab. Führe ich in der Position der niedrigeren Herdenrangfolge, ist automatisch das Pferd in der Rangfolge höher und also auch verantwortlich für uns beide. Dann muss das Pferd nach allen Seiten sichern, weil ja kein Leittier da ist, und es muss die Verantwortung für alles weitere übernehmen, Gefahren erkennen und danach handeln. Führe ich in einer Position der höheren Rangfolge, bin dagegen ich verantwortlich, auch in den Augen des Pferdes, und es kann sich entspannen, denn ich kümmere mich ja um das Woher und Wohin und entscheide, was gefährlich ist, und was nicht.

- Zone 1 sind laut Hempfling[1] alle Positionen vor dem Pferd. Dort habe ich die größte Dominanz, das ist sozusagen die Position, in der das Fohlen der Mutterstute folgt.
- Zone 2 sind alle Positionen neben dem Pferd auf Kopf und Halshöhe. Das ist die Position der geringsten Dominanz, bzw. die Position durch die ich

---

1 „Mit Pferden tanzen" (Ferdinand Hempfling 1993)

meinem Pferd mitteile: „Ich bin dir unterlegen, bitte führe du mich."

- Zone 3 sind alle Positionen neben dem Pferd hinter seinen Schultern, also auf Bauchhöhe bis zu den Hinterbeinen. Das ist die Position der mittleren Dominanz, die dem Pferd eine gewisse Menge an Selberdenken abverlangt, aber dennoch die Dominanz nicht an es abgibt. Es ist eine treibende Position, und zwar je weiter hinten, desto mehr treibend.

Das Ganze natürlich am langen Führstrick. Ich führe ein Pferd normalerweise nie direkt am Halfter. Interessanterweise machen es die Guardians der Camargue genauso. Sie sagen: Führstrick lang lassen, vorne gehen, das Pferd nicht überholen lassen! Wenn ich jetzt bei Flambo in Zone 3 wechsle, wird er immer schneller, er fühlt sich wohl getrieben und unsicherer, als wenn ich vorne laufe und er mich mit beiden Augen sehen kann. Er läuft dann im Kreis um mich herum, um wieder hinter mich zu kommen. Wir üben das eine Weile, bis es für ihn leichter zu akzeptieren ist, dass ich in dieser Position führe. Immerhin können sich so meine Schultergelenke ein wenig einkugeln. Für das Üben des Rechts-Gehens breche ich mir einen langen Zweig ab und benutze ihn als Gerte, um Flambo immer wieder nach rechts an den Wegrand hinüberzuschicken. Das bedeutet, ich wedele damit nur in der Luft herum und benutze den Zweig als Begrenzung! Das genügt. Das einzige Blöde daran ist, dass dadurch meine beiden Hände im Einsatz sind, da kann man schwerlich mal die Wegbeschreibung rausholen, draufschauen und gleichzeitig weitergehen. Aber es ist eine Übung und wird hoffentlich mit der Zeit besser werden. Ein weiteres Problem seines Hinterher-ziehenlassens ist, dass durch diese Kopfhaltung der Sattel auf den Widerrist drückt und sich diese Stelle auf beiden Seiten nun so langsam entzündet.

In La-Salvetat-sur-Agout binde ich Flambo vor der Bäckerei „d'en haut" (das bedeutet „obere") an, deren rote Bank irgendwie Berühmtheit erlangt hat, wie es auf Youtube gezeigt wird. Und siehe da... Flambo wiehert mir nach, als ich reingehe, so wie er normalerweise anderen Pferden nachwiehert, wenn sie um die Ecke verschwinden! Wow, ich bin also doch irgendwie seine Herde geworden! Im „Camping à la Ferme" finden wir Unterschlupf. Flambo darf auf eine Koppel mit

Zuflucht: Camping à la ferme – 17.9. 17:35 Uhr

Heu und ich in ein Zimmer mit Bett. Ein anderer Gast war hier unterwegs und hat riesige Pilze gefunden, wahrscheinlich ist La-Salvetat-sur-Agout für seine Pilze berühmt. Die Outdoor-Bibel sagt: „Heute wird das Städtchen in den heißen Sommermonaten für sein mildes Klima geschätzt." Aha... und ich Banause weiß dieses milde Pilz-Klima nicht zu schätzen, sondern sehne mich nach heißen Sommermonaten!! Ich wundere mich immer noch über das Wetter. Das ist nicht das Südfrankreich, das ich kenne, nichts davon. Weder die Vegetation, noch das Wetter, noch das Klima. Alles ist eher so wie im Odenwald. In meinem Zimmer ist es eiskalt und es gibt keine Heizung. Wer hätte gedacht, dass ich auf meiner Wanderung durch Südfrankreich andauernd *frieren* würde?!

74

Geradenwegs zu den Pilzen... – So 17.9. 17:40 Uhr

Anglès

24 km • La Salvetat sur Agout – Hinter Anglès

„Deine Rosse gingen im Meer, im Schlamm großer Wasser." (Hab 3,15)

Montag, 18. September ✧ In La-Salvetat gehe ich erstmal noch einkaufen, dann ziehen wir weiter. Meine Pilgerbibel rät Fahrradfahrern, die D14E1/D52 zu benutzen, denn „der Weg durch den Wald kann sehr morastig und schlüpfrig sein". Wo immer es geht, bleibe ich deshalb an der Bundesstraße. Flambo ist wieder total unmotiviert, er wäre lieber auf der Koppel in La-Salvetat geblieben. Nur als wir in Anglès auf eine Wanderin treffen, die mit uns ein Stück des Weges zieht, bleibt er dran und folgt ihr flott. Wenn vorher beim Führen sein Sich-Ziehenlassen anstrengend war, dann ist es jetzt das ständige Treiben-Müssen. Landschaftlich hat das hier für mich keinerlei Reiz, es ist wirklich wie zuhause. Immerhin regnet es nicht mehr, aber kalt ist es immer noch. Auf einer Obstwiese hinter Anglès simuliere ich mit dem weißen Bindfaden aus Lodève einen Elektrozaun, indem ich ihn um vier Obstbäume schlinge. Kleiner Schlafplatz für Flambo. Das Wasser, das ich dabei habe, wird zum Trinken benutzt. ...Und natürlich zum Füßewaschen!

Géant

29 km • Hinter Anglès – Castres / Pioch de Gaîx

„...und zog mich aus der grausamen Grube und aus dem Schlamm und stellte meine Füße auf einen Fels, dass ich gewiss treten kann... " (Ps 40,3)

Dienstag, 19. September ✧ Ich muss wieder andauernd treiben, aber immerhin kommen wir im Trab wenigstens ein bisschen voran. Vor Castres stoße ich auf einen Géant und beschließe, einkaufen zu gehen. Flambo wird draußen an einen Baum gebunden und passt auf das Gepäck auf. Ich mache mich auf den Weg über den riesigen Parkplatz hinein in die heiligen Hallen des Konsums. Ah, die Zivilisation! Jeder Supermarkt erscheint mir wie ein unfassbares Schlaraffenland: Sauber, aufgeräumt, trocken, keine Dornen, und alles, was das Herz begehrt nur eine Armeslänge entfernt. Ich suche auch hier wieder mal nach Haferflocken, aber selbst im Gigant ist sowas nicht zu haben. In Frankreich heißen Supermärkte zwar auch Supermarkt wie bei uns („Supermarché"), aber dabei handelt es sich normalerweise eher um einen kleinen Lebensmittelladen. Das nächst-größere ist ein Hypermarché. Das ist dann die Größe, die bei uns Supermarkt heißt. Auf Hyper folgt Gigant (Géant), das ist dann bei uns ein Kaufhaus.

Und dann? Nächstgrößere Größe Einkaufszentrum? Ist das dann Ultra? Utopia? Cosmo? Oder was könnte es sonst noch für eine Steigerung geben?

Flambo hat ein dickes Auge, keine Ahnung, woher. Der Tierarztbesuch kostet 40,- €, dafür bekomme ich Augentropfen für mein Pferd und weiteres weiß er auch nicht. Na ja... Augentropfen hätte ich auch in der Apotheke kaufen können... Ich frage wiedermal rum nach einer Übernachtungsmöglichkeit, ich bräuchte sogar eine für einen Pausentag, denn Flambo muss heute Abend entwurmt werden. Bisher konnte ich das nicht machen, weil erst einige Zeit nach dem Impfen vergangen sein sollte. Am 4.10. soll die zweite Impfdosis erfolgen, jetzt ist so ziemlich genau die Zeit zwischen den zwei Impfdosen. Das Mittel zum Entwurmen habe ich in La-Salvetat-sur-Agout gekauft, laut Rudolf soll es Ivermectin enthalten – zum Glück habe ich so eines finden können.

Man weist mich zu den Cuisiniés in Pioch de Gaix, das läge allerdings „un peu" - also ein kleines bisschen - abseits meines Weges und so trabe ich die Straße hinauf. Irgendwie schätzen die Leute Entfernungen immer nach Autokilometern, und können sich nicht vorstellen, wie weit Wege zu Fuß oder mit einem unwilligen Ross sind, das im Schritt noch langsamer vorankommt als ein Fußgänger! Der Hof befindet sich 3 km (!) abseits meines Weges – das ist beinahe ein ganzer Stundensatz. Vor der Haustür liegt eine Bordercollie-Hündin, die ich weder anschauen noch anfassen soll, sonst wird sie nämlich böse. Victor Cuisinié lebt hier mit seiner Familie und züchtet Araberpferde. Für Flambo gibt es eine Box und für mich ein Bett, obwohl ich auch für eine Unterkunft im Stall höchst dankbar gewesen wäre. Hauptsache irgendein Dach über dem Kopf! Ich darf sogar am Abendessen teilnehmen und meine Wäsche (inkl. Satteldecken-Überzug) waschen!

14:33 Uhr

15:08 Uhr

Pioch d'Azou

Ruhetag • Pioch d'Azou

„...dann wirst du deiner Mühsal vergessen wie des Wassers, das vorübergeflossen ist;..."
(Hiob 11,16)

Mittwoch, 20. September ✧ Am nächsten Morgen darf ich duschen und ein Frühstück bekomme ich auch noch. Dann zeigt man mir die ca. 2 km entfernte Weide für den heutigen Tag, dort werde ich übernachten. Wasser ist in Kanistern dabei. Die Weide ist riesig und abschüssig, mit einem weiten Ausblick auf Weiden und Wäldchen und Landschaft. Die Sonne scheint, Flambo kann den ganzen Tag grasen, ich sitze und checke die Karten und die Entfernungen und nähe an der Satteldecke herum. Leider passt die Ausrüstung nicht so richtig, und ich kenne mich nicht gut genug aus, um die Satteldecke passend zu machen. Sie rutscht auch die ganze Zeit, wenn ich mal nicht reite. Dann rutscht sie unter dem Sattel einfach nach hinten runter. Wenn ich damals schon gewusst hätte, was ich heute weiß, dann hätte ich mir einfach so eine Antirutsch-Unterlage gekauft, die man für Teppiche benutzt und sie zwischen Sattel und Pad gelegt. Oder ich hätte an die Satteldecke Schlaufen angenäht, um die Steigbügelriemen durchzuziehen. Aber auf so eine Idee kam ich nicht, da das *Pad* ja vom Pferderücken wegrutschte und nicht der Sattel. Man kann das ja schlecht mit Stecknadeln am Pferderücken befestigen. Viel viel später habe ich die Satteldecke in Deutschland mal ausprobiert und festgestellt, das der Stoff wirklich extrem glatt ist und eben einfach davonrutscht.

Ich überprüfe die Strecken der nächsten Tage und stelle fest, dass mich die Outdoor-Bibel Via Tolosana hinter Castres zunächst viele Kilometer in Richtung Süden führen will, um dann wieder in den Norden hinaufzuleiten. 125 km in sieben beschriebenen Etappen bis Toulouse, während es auf gerader Strecke gen Westen nur ca. 70 km sind. Ich entschließe mich, meinen Weg bis Toulouse wieder auf eigene Faust zu suchen. Ab und zu fühle ich mich ein bisschen einsam... Abends wasche ich brav meine Füße und habe eine ruhige Nacht.

Den Weg finden,

der ohne Grenzen ist.

Mi 20.9. 17:44 Uhr

20. September

Mi 20.9. 13:08 Uhr

Das Chalet des Künstlers

28 km • Pioch d'Azou / Castres - Puylaurens

„Sie kehrten da ein und kamen an das Haus ... des Leviten, in Michas Haus und grüßten ihn freundlich." (Ri 18,15)

Donnerstag, 21. September ✧ Nun ist das Entwurmen also auch durch. Rudolf hatte gesagt, dass sich Pferde oft nach dem Entwurmen extrem verändern. Wenn sie sehr verwurmt waren, erkennt man sie manchmal hinterher nicht wieder, so viel Energie haben sie plötzlich. Ich warte also gespannt jeden Augenblick auf den Turbogang! Leider vergeblich. Ich muss wieder treiben treiben treiben,

dieses Pferd ist mit angezogener Handbremse unterwegs! Trotzdem kommen wir zum Glück recht gut voran und als es 5 Uhr abends wird, sind wir bei Puylaurens.

Der Name erinnert mich an eine andere Frankreichtour vor fünfzehn Jahren, als mein Sohn zwei Jahre alt war. Ich hatte mit ihm in das makrobiotische Gemeinschaftsprojekt La Lix im Departement Gers hineingeschnuppert und unseren Aufenthalt dort vorzeitig abgebrochen, aber das ist eine andere Geschichte...

Da mein WG-Zimmer für 3 Monate untervermietet war, konnte ich noch nicht zurück, sondern kam bei meinen französischen Freunden Jérôme und Joël und ihrer Mutter Danielle unter. Wir entschlossen uns dann, eine Tour durch die Katharer-Burgen zu machen, mit einer „Basisstation" auf einem Zeltplatz. Jérômes damalige Freundin Valérie (heute seine Ehefrau) war auch dabei und von Joël noch ein Freund. Bei unserer Tour besichtigten wir die Burgen Peyrepertuse, Aguilar, Monsegur und noch ein paar andere. Die erste Burg unserer Tour war Puylaurens, welches zwar genauso geschrieben wird, aber ganz woanders liegt als mein heutiges Puylaurens. Es gibt über die Geschichte der Katharer ein wunderschönes und sehr trauriges Lied von dem bekannten französischen Sänger Francis Cabrel: Les Chevaliers Cathares (siehe Bonusmaterial!). Sich die Burgen anzuschauen und in die abenteuerliche und tragische Zeit einzutauchen, ist eine sehr besondere Art, die Tiefe der Geschichte Frankreichs kennenzulernen.

Tragik und Abenteuer habe ich dagegen nur im Banalen: Ich bin wieder auf der Suche nach Schlafplatz und Wasser. Rechts neben der Straße ist ein mit hohen Eisenzäunen umfasstes bewaldetes Grundstück. Sowas wäre super, träume ich, da könnte Flambo in der Nacht herumlaufen und ich müsste nicht dauernd aufstehen, um ihn woanders hinzubinden. Ich klingle am großen Eingangstor und bitte um Wasser. Man kommt ein bisschen ins Gespräch, ich erzähle vom Jakobsweg und frage, ob der Mann nicht einen Platz kennt, an dem ich mit meinem Pferd übernachten könnte. Und er meint: „Hier würde das gehen." Wow! Ich erkläre ihm, dass ich mein Zelt dann hier irgendwo aufstellen werde, doch er sagt, nein nein, hier ist ein Ferienhäuschen hinterm Haus. Doppel-Wow! Der totale Luxus! Mit allem, was es braucht, einschließlich Küche und Bad etc. Man nennt sowas in Frankreich „Chalet", was „Landhaus" bedeutet. Monsieur Fourré zeigt mir nach dem Absatteln und mich-Einrichten seine Kunstsammlung, bzw. seine eigenen Werke. Wie schön! Mir geht es gut hier und auch Flambo ist zufrieden. Der kommt immer wieder an die Tür meines Chalets, um zu schauen, was ich mache und sich zu vergewissern, dass ich nicht ohne ihn abhaue. Wenn er könnte, würde er die Türklinke runterdrücken und hier schlafen!

„Das Chalet des Künstlers" - Do 21.9. 19:35 Uhr

Vor dem Abritt - Fr 22.9. 10:51 Uhr

Ein verwunschenes Schloss

25 km • Puylaurens – Loubens Lauragais

„So ist denn der Herr eine Burg den Bedrückten, eine Burg für die Zeiten der Drangsal."
(Ps 9,10)

Freitag, 22. September ✧ Morgens nach der Morgentoilette für mich und mein Pferd mache ich ein paar Fotos von der Landschaft und Monsieur Fourré macht welche von uns. Wir kommen erst ca. 11 Uhr los. Ich bin besorgt, weil Flambo nun wohl doch einen Satteldruck hat – so nennt man Druckstellen, an denen der Sattel scheuert, was nach einer Weile zu einer Entzündung führt. Bei Flambo ist da was rechts und links neben dem Widerrist. Ich brauche jemand, der sich mit Pferden auskennt, um sich das anzuschauen und finde in Puylaurens einen Tierarzt, von dem ich Heparin-Gel bekomme. Außerdem bieten mir quasi direkt vor der Chalet-Tür in Puylaurens nacheinander gleich *zwei* Menschen eine Übernachtungsmöglichkeit für uns beide an. Ein paar mehr Kilometer sollen es heute aber schon noch sein und ich muss leider ausschlagen.

Mein Weg führt heute ziemlich genau nach Westen, ich suche mir Landstraßen südlich oder nördlich der Bundesstraße. Mittags durchqueren wir ein Dorf und am Ortsrand ist eine riesige Wiese links neben dem Weg. Am Ende der Wiese machen wir Halt. Ich bin erschöpft und mache bei Flambo einfach alles runter für die Pause. Bin auch zu faul oder zu k.o., um ihn an einen Baum zu binden und lasse ihn einfach so grasen. Wird schon nicht abhauen, der Gute. Ich ruhe mich aus und Flambo bleibt in der Nähe und schlägt sich den Bauch voll. Jedoch grast er sich immer weiter weg von mir in Richtung „Rückweg", bis er, als ich weiter will, schließlich fast wieder am Ortsrand ist. Ich rufe und rappele mit irgendwas in seinem Stoffeimer – er kommt. Hätte ich auch nicht anders erwartet...

Als es Abend wird, beschreibt mir jemand eine Übernachtungsmöglichkeit bei einem Restaurant „La Ferme" („Der Bauernhof"). Das ist südlich der Bundesstraße, doch dort ist geschlossen. Ich werde weiter die Landstraße hinunter verwiesen. Dort gäbe es ein Gehöft mit Pferdehaltung. Ich reite auf den Wiesenrändern neben der Bundesstraße, ein Trucker hupt, dass ich fast vom Pferd falle vor Schreck – und winkt. Der findet das cool mit dem Pferd und hat keine Ahnung, dass ein Pferd vor sowas so erschrecken kann, dass es über alle Berge davonrennt. Zum Glück bleibt Flambo weitaus cooler als ich! Nach ca. zwei Kilometern stehe ich vor einem wunderschönen alten Gehöft mit Pferdeställen, riesigen Weiden und mehreren Häusern. Ein richtiges altes Herrenhaus im französischen Stil.

Dornröschen und ihr weißes Ross dürfen im Märchenschloss übernachten und bekommen ein Zimmer und eine Koppel.

En Bousquet - Fr 22.9. 17:37 Uhr

L'Ecurie du Bousquet

Ruhetage • Loubens Lauragais

„Und er maß die Länge des Hauses, die hatte hundert Ellen; und der Hofraum samt dem Gebäude und seinen Mauern war auch hundert Ellen lang." (Hes 41,13)

Samstag, 23. September ✧ Ich sitze fest! Flambo hat Satteldruck und muss das erst auskurieren. Laut dieser beiden Frauen hier braucht er dafür drei (!)

Das ehemalige Gärtnerhaus – Sa 23.9.

Tage! Seufz. Netterweise darf ich hierbleiben und helfe bei den Arbeiten auf dem Gelände mit. Auf dem Anwesen wohnen Geneviève Reumont und Sophie Sagot. Es hat zwei große alte Herrenhäuser als Haupthäuser, schöne alte Stallgebäude, ein „Hausmeisterhaus" und noch so diverse andere Gebäude und Einrichtungen wie z.B. eine offene Scheune und eine Galoppbahn. Sophie ist nämlich in Sachen Rennsport unterwegs, sie züchtet Araberpferde für Galopp- und Distanzrennen. Der Unterschied? Galopprennen gehen nur über eine kurze Strecke und sind sehr schnell, Distanzrennen sind viele Kilometer lang, z.B. 120 km in zwei Tagen oder 80 km an einem Tag. Von sowas kann *ich* nur träumen!

Es ist alles trotzdem ziemlich rustikal hier, ganz anders als der sterile Stall bei Montarnaud. Den Tag nutze ich zum Schreiben und Nähen, und ich gehe mit Flambo auf den Platz und übe „bei-Fuß-gehen".

Sonntag, 24. September ✧ Ich habe noch ein bisschen mehr über Sophie erfahren: Sie hat ca. 1979 - 1996 als einer der ersten weiblichen Jockeys in Frankreich insgesamt 142 Galopprennen mit zahlreichen Platzierungen mitgemacht und bildete auch andere Reiter aus. In dieser Zeit hat sie begonnen, mit zwei Sieger-Hengsten, die sie schon in den Rennen geritten hatte, Vollblutpferde zu züchten: Jalamoun und Ranan. Jetzt sind hier aber keine Englischen Vollblüter mehr zu sehen, denn 1998 schwenkte sie auf reinrassige Araberpferde um, die seither ihre Leidenschaft blieben, und die sie dann auch anfing zu züchten und für Galopp- und Distanzrennen auszubilden.

Sophie Sagot auf Massana
Hippodrôme de La Cépière - Toulouse 1980

Heute reite ich die weiße (ich glaube Anglo-) Araberstute Jasmine auf der Galoppbahn, weil Sophie ein anderes Pferd trainiert und das wohl dem anderen Pferd hilft. Das klingt jetzt nach schnellem Galopp, aber es war eigentlich ganz gemütlich. Wir räumen Zäune weg und ich backe mal was für alle.

Montag, 25. September ✧ Heute helfe ich morgens und abends beim Füttern mit, das ist eine richtige Wanderschaft. Auf den teilweise riesigen Weiden stehen immer nur zwei Pferde beieinander, und zwar natürlich zwei, die sich gut vertragen. Da sie beschlagen sind, könnten sie sich sonst bei Rangkämpfen mit den

Hufeisen schlimm verletzen. Flambo steht allein und sehnt sich nach Gesellschaft. Ich wasche ihn heute, was nicht einfach ist, er scheut andauernd und erst nach einer Weile verstehe ich, warum: Das Wasser rinnt aus dem Schwamm auf den Boden und das Tropfgeräusch ängstigt ihn, meinen kleinen Wasserphobiker. Die vielen Schrunden und Bisse, die er aus der Camargue mitgebracht hatte, sind inzwischen so gut wie verheilt und nach dem Waschen steht er so strahlend weiß in der Sonne, dass man ihn kaum anschauen kann. Einer der Jugendlichen, die hier auf dem Hof wohnen, kommt vorbei und sagt: „Mann, ist dieses Pferd weiß!!" Diese Jugendlichen aus schwierigen Verhältnissen werden von Geneviève betreut. Es sind welche. Später bezahle ich nochmal 40,- € für die Tierärztin, die sich den Satteldruck anschaut.

Ich könnte hier so richtig im Dornröschenschlaf versinken. Es ist eine Wohltat nachts durchzuschlafen und das tägliche Ein- und Auspacken sein zu lassen. Es warm zu haben. Gestern war wieder ein oberheftiges Gewitter mit Regenschauern und Eiseskälte. Und ich konnte es fasziniert vom Trockenen aus bewundern! Futtere mir gerade eine Schwarte an, von der ich dann auf meinem Weg durch die Pyrenäen zehren kann. Boah, wenn das dort noch kälter ist...

Dienstag, 26. September ✧ Die allmorgendliche Runde zum Pferde-Füttern macht man übrigens nicht zu Fuß hier – das würde viel zu lange dauern! Es gibt zum Glück so einen elektrischen Golfplatz-Caddy, in den man alles reinpacken kann. Die Pferde bekommen alle Gerste, einfach so, trocken, und fressen das auch. Mir hatte man gesagt, dass das nicht viel bringt, und man die Gerste einweichen müsste, also weiche ich sie für Flambo ein. Mit dem Hänger fahren wir in das „Schwarzgebirge" (Montagne Noir) und machen dort einen Ausritt. Flambo soll noch keinen Sattel tragen, deshalb reite ich die sehr brave Jasmine. Zurück auf En Bousquet mache ich die Küche im Gästehaus sauber. Ich schlafe in einem Zimmer mit Ausblick auf den sehr malerischen Turm das zweiten Stallgebäudes. Es gibt hier auch ein besonders arabisch aussehendes Araberpferd: Der wunderschöne Tarik. Ich glaube, der kommt wirklich direkt aus der Wüste.

Mittwoch, 27. September ✦ Morgens reche ich auf dem Hof überall Blätter zusammen. Das ist schwierig, besonders da, wo alles mit kleinen weißen Steinen bedeckt ist. Es braucht seine Zeit, weil ich da einfach nicht drin geübt bin, zwar die Blätter, aber nicht die Steine zusammenzurechen. Später gehe ich mit Flambo auf die Galoppbahn, um mal ohne Sattel auf ihm zu reiten. Das geht im Schritt recht gut, aber dann sticht mich der Hafer und ich trabe an. Flambo trabt zuerst, aber ich kann mich nur schlecht im Trab oben halten und klemme mich deshalb mit den Beinen fest, was er wiederum für das Signal hält, so schnell wie möglich galoppieren zu müssen. Ansonsten reagiert er auf mich aber nicht mehr. Was ja egal wäre, wenn er nun auf der Galoppbahn galoppieren würde, irgendwann hört ein Pferd auch wieder auf, aber der Ausgang ist nicht verschlossen, er erkennt die Chance und galoppiert voll Stoff in Richtung seiner

Ausritt mit Sophie, Montagne Noir – Di 26.9. 17:24 Uhr

Koppel. Bevor er auf dem steinigen Hof angelangt ist, lasse ich mich lieber am sanften Hügel davor ins Gras runterfallen. Flambo ist erleichtert, seelisch wie körperlich, und fängt an zu grasen. Ich lache mir eins. Sophie und Geneviève meinen, es wäre was passiert, Flambo hätte mich abeworfen, gebockt oder sowas. Ich beruhige auch die beiden und finde es weiterhin lustig. Ich hab es ja komplett verstanden, Flambo reagiert halt auf Schenkeldruck... Das mit dem Ohne-Sattel-Reiten müssen wir beide noch üben...

Später helfe ich Sophie beim Hecken-Schneiden und Quitten-Ernten. King Louis, der Haus- und Hofmeister, isst mit uns zu Mittag. Abends bin ich bei Geneviève zum Essen. Voll lieb! Ihre Mutter ist sehr krank und leider dement Sie wird von Geneviève gepflegt – das ist auch ein harter Job, finde ich. Und ein trauriger.

Donnerstag, 28. September ✧ Morgens mache ich wieder die Tour zum Pferde-Füttern. Wir reiten aus, um Walnüsse zu sammeln und später gehe ich wieder Blätter rechen, die Sisyphusarbeit. Kaum hat man sich durch das ganze Gelände gerecht, kann man auch schon wieder von vorne anfangen. Mit Flambo begebe ich mich für eine halbe Stunde in den Paddock und mache ein bisschen Join-Up. Die Bordercollie-Hündin findet das ein tolles Spiel und lauert ihm in der einen Ecke auf, um bellend auf ihn loszustürzen und dann schnell wieder davonzurennen. Flambo hat ja Angst vor Hunden, obwohl es hier eigentlich geht. Es gibt drei Hunde: Einen, der aussieht wie ein Schäferhund und eher ruhig ist, die Bordercollie-Hündin, die man mit nix tot kriegt – das totale Energiebündel - und Oriette, die feine Yorkshire-Dame, die sich das riesige „Körbchen" des Schäferhunds zur Schlafstatt erkoren hat, während der Schäferhund sich in das minikleine Körbchen des Yorkshires zum Schlafen zusammenrollt und an allen Seiten drüber hinausquillt. Süß, die beiden!

Der Umgang mit Pferden, bzw. die Art, wie die Pferde mit Menschen umgehen, ist hier schon ziemlich anders, als ich es von der Camargue gewohnt bin. Die Pferde werden mit kurzem Strick mit der Hand nah am Halfter geführt und zerren einen einfach ins Gras, wenn sie dort fressen wollen. Flambo zerrt mich nie durch die Gegend, auch wenn er eigentlich unterwegs schon immer nur ans Fressen denkt. Für den Hufschmied werden sie in der Stallgasse ganz kurz angebunden. Muss wohl so sein, Hufschmiede habe ich bisher noch nie beobachtet, bei Flambo habe ich in der Camargue nicht zugeschaut. Heute Abend darf ich wieder bei Geneviève essen.

Komme mir vor wie Odysseus: Überall am Weg ergeben sich Sirenen, die mich vom Weg abbringen. Zyklopen und Hydras und Scylla und Charybdis. Oder eben Rapunzels Turm und Dornröschens Kammer...

Freitag, 29. September ✧ Der Satteldruck ist soweit wieder heil, ich werde morgen weiterziehen. Um acht Uhr morgens fahre ich mit King Louis nach Toulouse, um dort ein paar Besorgungen zu machen. Schon komisch, wenn man da mit dem Auto schnell mal hin- und zurückgefahren ist, um mit dem Pferd dann zwei Tage für die einfache Strecke zu brauchen... Um elf Uhr gehe ich ins „Cybercafé" - also Internetcafé und kontaktiere meinen Sohn in der Heimat. 15:30 Uhr sind wir in St. Orens und abends auf dem Hof zurück gehe ich ein letztes Mal die Pferde füttern. Abschiedsessen mit Sophie. Mir graut vor der rutschenden Satteldecke...

Es geht weiter

7 km • Loubens Lauragais – Le Breil

„Er erquicket meine Seele. Er führet mich auf rechter Straße um seines Namens willen."
(Ps 23,3)

Samstag, 30. September ✧ Sophie möchte mich mit dem Fahrrad in Richtung Toulouse bringen und mir Wege abseits der Landstraßen zeigen. Ich soll Toulouse im Norden weiträumig umreiten, die ungefähre Strecke hat sie mir gezeigt. Wir wollen nachmittags los, also habe ich morgens noch Zeit, an der Satteldecke zu ändern und zu nähen. Ich habe immer noch nicht verstanden, dass ich einen Teil des Problems los wäre, wenn ich die Satteldecke am *Sattel* fixieren würde. Ich wasche Flambo noch einmal, das wird ja nun eine Weile nicht mehr gehen, und packe alles zusammen und auf ihn drauf. So komme ich erst 16:30 Uhr los, es wird also eine kurze Strecke werden. Sophie hat wahrscheinlich ein bisschen ihre Distanzrennen-Entfernungen und -Geschwindigkeiten im Kopf. Vielleicht hat sie die Idee, dass ich heute Abend noch nahe an Toulouse herankomme. Mir dagegen ist klar, das es da wenig Chancen gibt. Bis Sophie uns verlässt, reite ich nicht, sondern führe Flambo. Na, und dann schwinge ich mich aufs Pferd, ein letztes Foto wird gemacht und wir traben in den Sonnenun-

Es geht weiter...

Sa 30.9.   16:45 Uhr

So sieht das aus, wenn Flambo sich ziehen lässt.

Abschiedsfoto – Sa 30.9. 17:33 Uhr

tergang davon. 18:45 Uhr finde ich ein ganz kleines Wäldchen, das hoffentlich abseits genug ist und schlage mich mal wieder in die Büsche für einen Schlafplatz. Dort baue ich mein Zelt auf. Es regnet hier zwar nicht so viel, wie an den Tagen bei St. Gervais, aber das Klima und die Vegetation sind auch nicht viel

Sa 30.9. 17:35 Uhr - Da gehn sie hin...

anders als bei uns; mir ist sogar sehr oft kalt gewesen, die letzten Tage. Irgendwie zermürbend, weil ich eher so ein Wüstenmensch bin und mit Hitze sehr gut zurechtkomme. Meine Vorstellung vom Pilgern hatte sich auch immer um dürres heißes sonnendurchflutetes Land gedreht und nicht um feuchte schattige Wälder. Das habe ich ja zuhause schon zur Genüge...

Viel später zuhause ist mir klar geworden, dass die Via Tolosana bei Lodêve die Meditéranée verlässt und sich ins französische Zentralmassiv hochwindet. Hier beginnt – ich glaube es heißt – das feuchtgemäßigte Kontinentalklima und es ist mit dem Südfrankreich-Klima vorbei! Das herrscht nämlich nur an dem schmalen Küstenstreifen von Perpignan nahe der spanischen Grenze bis Nizza nahe der italienischen Grenze. Das sind ungefähr 500 km entlang der Küste mediterranes Klima, aber ins Land hinein eben nur im Durchschnitt 20 km! Wenn ich das vorher gewusst hätte, hätte ich mir wahrscheinlich eine andere Strecke ausgesucht oder ich wäre besser vorbereitet gewesen.

In Ulm und um Ulm...

34 km • Le Breil – Fenouillet (Toulouse)

„Also ist es auch nicht der Wille eures Vaters im Himmel, dass eines dieser Kleinen verloren gehe." (Mt 18,14)

Sonntag, 1. Oktober ✧ Um es heute bis hinter Toulouse zu schaffen, geht es am Morgen schon um vier Uhr los. Habe von Rudolf den Tip erhalten, Flambos Getriebe zu ölen, indem ich ihm welches füttere, das würde Energie geben (man soll die Hoffnung nie aufgeben!). Aber eine Flasche Pflanzenöl passt unmöglich ins Gepäck, deshalb frage ich, ob Margarine auch geht... Also trocken Brot mit Margarine drauf, das ist jetzt der Plan für den zukünftigen Turbogang. In den Bäckereien schenken sie mir sowieso, wenn sie das Pferd sehen, ganz oft trockenes Brot, das sie gesammelt haben. Irgendwo sitze ich dann in einer wie ein Industriegebiet anmutenden Ecke einer Ortschaft auf einer Treppenschwelle und füttere Flambo mit „Butterbrot". Er ist ja sehr wählerisch, was das Futter angeht, worüber ich froh bin. So ist die Vergiftungsgefahr gering. Überhaupt habe ich ihm da die ganze Zeit blindlings vertraut, weil ich davon ausgehe, dass ein Pferd, das in der Wildnis aufgewachsen ist, schon von seiner Mutterstute beigebracht bekommt, was man fressen sollte und was nicht. Unterwegs habe ich beobachtet, dass er im Vorbeigehen einen Zweig mit Blättern durch sein Maul laufen lässt und ihn nicht abreißt. So testet er, ob es was Bekanntes ist und ob man das fressen kann.

Wir kommen heute durch viele Ortschaften und wenn ich mir nun beim Schreiben die Karte anschaue, erscheinen mir Namen wie Lavalette, Montrabe, Launaget, Fonbeauzard, Aucamville irgendwie vertraut. Wir müssen auch mindestens zweimal die Autobahn kreuzen, zuerst die A68 nach Norden und später dann die A62 nach Westen. Flambo schlägt sich wacker, in eine Ortschaft bin ich sogar ohne Probleme auf der Straße hineingetrabt! Doch es ist ein kurzes Glück, das in dem Moment endet, als ich jemanden nach dem Weg frage. Flambo hält an, will bleiben, am besten gleich einziehen und bloß nie mehr weg. Er ist einfach kein Pferd, das das Unbekannte liebt. Eine neue Heimat, egal wo, egal wie hässlich, egal wie karg, ist ihm tausendmal lieber als der schönste Abenteuerritt durch saftige Weiden.

Nun gut, wir kreuzen die A62 nach Westen irgendwo bei Aucamville und dann ist es Abend und wir brauchen dringend einen Schlafplatz. Hier gibt es ein Erho-

So 1.10. 19:53 Uhr - Ich betrachte den Sonnenuntergang,...

lungsgebiet mit Wald, wir stapfen über Trampelpfade bis wir an einer Lichtung am See rauskommen. Es ist schon spät, wir können nicht mehr weiter. Ich befreie Flambo von Sattel und Gepäck und lasse ihn grasen, ohne ihn anzubinden, weil es hier nicht viel Gras gibt und er so einen größeren Radius zum Fressen hat. Während ich mein Zelt aufstelle und die Sonne im Westen über dem See untergeht, frisst Flambo ab, was er finden kann. Schön, denke ich, er bleibt bei seiner Herde (mir), und betrachte den Sonnenuntergang. Nicht lange, dann ist es dunkel und Flambo ist weg. Ich rufe und raschele. Nichts. Da schnalle ich mir die Stirnlampe um und suche die Hufspuren im Matsch. Es dauert eine Weile, bis ich die Fährte finde. Sie führt durch den Wald den Weg zurück, den wir gekommen sind. Ich suche, rufe, pfeife und folge den Hufspuren auf dem Trampelpfad. Irgendwann steht Flambo vor mir – ich sehe seine Augen, die im Taschenlampenlicht aufleuchten. Er ist tatsächlich wieder ein Stück zu mir zurückgewackelt. Nun muss er eben doch angebunden werden. Der Rest der Nacht verläuft ruhig. Flambo träumt von En Bousquet und Jasmine...

...und Flambo macht sich davon. - So 1.10. 19:53 Uhr

Über die Garonne

20 km • Fenouillet (Toulouse) - Pibrac

„Und sie kamen ans andere Ufer des Meeres in die Landschaft der Gardarener..." (Mk 5,1)

Montag, 2. Oktober ✧ Es ist enorm viel Verkehr an diesem Montagmorgen und wir müssen über stark befahrene Straßen, denn ich finde keine andere Möglichkeit, die Garonne nach Westen zu überqueren. Als wir diese erste große Hürde hinter uns haben, gönne ich mir ausnahmsweise einen Kaffee in einem Café in Seilh. Dann wandern wir weiter nach Colomiers und stoßen in Pibrac wieder auf die Via Tolosana.

Hinter Pibrac können wir auf einer Koppel an einem Feldweg am Bach übernachten. Es regnet und das Zelt im Regen aufzustellen, ist deprimierend. Noch dazu muss ich ja schauen, dass die Ausrüstung und der Sattel möglichst nicht total durchnässt werden. Die Regenhose von der abenteuerlichen Baumarkt-Tour mit A. N. ist schon lange kaputt, die geschweißten Nähte sind beim Auf- und Absteigen gerissen. Die Regenjacke dagegen ist zwar unbequem und starr und sieht sch**** aus, aber dafür ist sie regendicht und warm. Naja... Gehe also nass im nassen Zelt schlafen. Romantisch.

Forêt de Bouconne

24 km • Pibrac – L'Isle Jourdain

„...da er dem Regen ein Ziel machte und dem Blitz und Donner den Weg..." (Hiob 28,26)

Dienstag, 3. Oktober ✧ Kaum habe ich morgens alles zusammengepackt und auf dem Pferd festgezurrt, stürmt es erst so richtig los. Die Art von Gewitter mit Sturmböen, die ich immer so gerne vom warmen Zimmer aus voll Ehrfurcht vor den Naturgewalten betrachte und empfinde. Jetzt allerdings bin ich frustriert und deprimiert. Ich friere. Naturgewalten entbehren definitiv der Romantik, wenn man ihnen ausgeliefert ist. Wir ziehen los und durchqueren den Forêt de Bouconne, einen langgestreckten Wald, denn wir queren müssen und in dem wir uns viel länger aufhalten, als ich erwartet hatte. Man verläuft sich immer wieder mal an den Stellen, wo die Markierungen fehlen oder man sich an einer Abzweigung vertut, die auf der Karte so nicht drauf ist.

Generve den ganzen Tag, Flambo will mal wieder lieber in die andere Richtung, deshalb gehe ich zu Fuß und führe, aber wenn ich führe... rutscht mir die Satteldecke nach hinten weg!!! Und wenn sie weggerutscht ist, muss ich komplett neu satteln und packen, sonst bekommt das Pferd Schwierigkeiten durch Satteldruck. Aaargh... es ist zum Verzweifeln. Manchmal könnte ich dieses ständig bremsende Pferd erwürgen! In L'Isle-Jourdain gibt es eine günstige Pilgerherberge am Freibad. Den Schlüssel dazu bekomme ich an der Touristeninformation. Für Flambo suche ich einen Baum am Flüsschen La Save, das durch den Ort fließt. Als ich weggehe und um die Ecke biege, wiehert er mir nach. Ich hab keine Kraft mehr und keinen Bock.

Das Jüngste Gericht

Ruhetage • L'Isle Jourdain

„Rosse helfen auch nicht, und ihre große Stärke errettet nicht." (Ps 33,17)

Mittwoch, 4. Oktober ✧ Morgens gehe ich zur Touristeninformation, um einen Tierarzt ausfindig zu machen. Man schickt mich zum Reiterhof, denn ich brauche ja einen Tierarzt, der Pferde behandelt. Es ist Zeit für die zweite Impfration. Außerdem muss ich herausfinden, ob mein Pferd einen Mikrochip hat. Beides brauche ich für meinen Weg über die Grenze. Beim Reiterhof bekomme ich die Info für den Tierarzt, aber der hat heute Nachmittag zu. Morgen wieder... Ich wandere mit Flambo durch die Stadt, gehe im Super U einkaufen und lerne eine ältere Frau kennen, die mich am Großen See von L'Isle Jourdain zum Essen einlädt. Wir unterhalten uns über Gott und die Welt und alternative Behandlungsmethoden von Krankheiten. Seit ich hinter Lodêve meine Jacke verloren habe, war es eigentlich immer kalt und regnerisch. Das ist ja wie in England... Der einzige wirklich schöne sonnige Tag seitdem war der bei Pioch D'Azou. Das Wetter zermürbt mich. Ich weiß nicht, wie es weitergehen soll, auch wegen dem Sattel und der Satteldecke. Ärgere mich über das Pferd, das mich einfach immer wieder auflaufen lässt und viel mehr Last als Hilfe ist. Aber was soll ich machen? Jetzt bin ich hier und er auch und zu allem Unglück gehört er mir und ich muss mir überlegen, was aus uns werden soll, bzw. was ich mit ihm mache. Am liebsten

Mi 4.10. 13:32 Uhr – Grand Lac de L'Isle Jourdain

wäre ich diese ganze Bürde los! Soll ich einfach ohne ihn abhauen?? Vielleicht nimmt ihn ja heute Nacht jemand mit...

Donnerstag, 5. Oktober ✧ Komme morgens hoffnungsvoll um die Ecke, aber, ach!, das Pferd ist noch da. Seufz. Ein weiterer Tag des Weiterkämpfens... Der Tierarzt verpasst ihm die zweite Impfung und checkt, ob Flambo einen Mikrochip hat. Ja, er hat einen und der Tierarzt schreibt mir die Nummer auf. Vielleicht will ich irgendwann mal etwas über Flambos Vergangenheit und Herkunft erfahren, falls ich ihn noch länger behalte. Was soll ich bloß machen? Weitermachen? Das schaffe ich nicht, ich hab nun echt den Mut verloren. Aber was ist dann mit Flambo? Was soll ich nur mit ihm machen? Ihn hier irgendwo unterstellen? In dem Reiterhof kostet das ein Heidengeld und da bräuchte er auch jemanden, der ihn jeden Tag versorgt. Nach Portugal transportieren? Das kostet Tausende, genauso wie der Transport nach Deutschland. Und außerdem wollte ich nie ein Pferd in Deutschland haben, das keine Aufgabe hat, sondern nur den Freizeit-interessen seines Besitzers dient, zum Angeben oder zum Verhätscheln. Das war in meinem Plan bestimmt nicht vorgesehen. Verkaufen? ...wer kauft hier schon ein Camarguepferd?! Ich bin mir ziemlich sicher, dass ich ihn hier nicht loswer-de. Schlachter? Da bekäme ich wenigstens sicher Geld, wenn auch nicht viel, ist ja nix dran an so einem kleinen Pferdchen. Komischerweise stört mich der „Schlachter"-Gedanke nicht sonderlich, dieses Pferd hat es mir in den letzten Wochen schon ziemlich schwer gemacht und mir vor allem Anstrengung be-schert. Den ganzen Tag gehen mir düstere Gedanken durch den Kopf, ich fühle mich durch das Pferd total gefesselt. Ich stecke in dieser Ortschaft fest, wo ich nicht sein will, heimatlos bei einem Wetter, das ich nicht länger ertrage. Ein In-ternetcafé gibt es nicht, ich kann nichts recherchieren und nichts regeln. Außer der Touristeninformation gibt es keine Anlaufstelle. Ich will hier weg! So schnell wie möglich! Und kann nicht, weil ich dieses Pferd habe. Komme mir vor wie E.T.: „Ich will nach Hause!"

Gehe im Intermarché einkaufen und am Abend sind Australier in der Herberge. Ich konnte heute sowieso wegen Flambos Impfung nicht weiter. Soll ich morgen wirklich weiter? Ich wollte nach einem Monat Pilgern mindestens doppelt so weit sein. Kurz vor der Grenze wollte ich um diese Zeit sein oder sogar schon längst in Spanien... Es wird nicht wärmer werden, sondern noch viel kälter auf meinem Weg über die Pyrenäen. Dazu bräuchte ich auch erstmal einen passenden Sattel etc. Und ich kann ja nirgendwo hin und nichts recherchieren. Zuhause ist sowas einfach, aber hier? (und wer jetzt denkt, „soll sie doch ihr Smartphone zücken": sowas gab es damals noch nicht!) Außerdem kostet ein gescheiter Sattel mit allem Drum und Dran auch nicht wenig. Und damit ist das „Schlaftabletten"-Problem ja nicht behoben. Ach hin und her und grübeln und drehen und wenden. Was mach ich denn nun bloß???

Montaine mit ihrer Mama - Fr 6.10. 17:14 Uhr

Ich geb auf

62 km gefahren • L'Isle Jourdain – Loubens Lauragais

*„So sann ich denn nach, um dies zu verstehen; aber es schien mir vergebliche Mühe
 zu sein..." (Ps 73,16)*

Freitag, 6. Oktober ✦ Bin nachts total deprimiert, weil mir keine gangbare Lösung einfällt. In der Pilgerherberge darf ich auch nicht ewig bleiben, z.B. bis das Pferd verkauft ist oder sonst eine Lösung da ist. Schon *meine* Rückreise zu organisieren, ist total kompliziert. Und dann erst das Pferd... Ich setze mich hin und meditiere... Wenn mir mit Nachdenken nichts einfällt, vielleicht kommt die Lösung aus der Stille... Und plötzlich ist eine neue Idee da: Wenn ich einen Platz finde, wo ich Flambo für eine Weile unterbringen kann, würde ich den Winter abwarten und im Frühjahr weiterpilgern. Dann könnte ich mich den Winter über besser vorbereiten und mit passendem Equipment weitermachen. Und es fallen mir plötzlich Sophie und Geneviève und En Bousquet ein. Vielleicht nehmen sie Flambo über den Winter auf...?

Es ist Morgen, ich gehe hoffnungsfroh nach Flambo schauen und – siehe da! - mein gestriger Wunsch ist in Erfüllung gegangen: Das Pferd ist weg!! Oje! Ich suche den Boden ab und finde Hufspuren im Matsch und zwischen den Hufspuren eine Linie vom Seil. Wie das? Wenn ihn jemand weggeführt hat, dürfte da keine Spur vom Seil zu sehen sein... Und wie ist das Seil abgegangen, wenn es keiner abgemacht hat? Hab ich ihn nicht gut genug angebunden? Bisher ist mir noch kein Anbindeknoten aufgegangen... Ich verfolge die Spuren um den kleinen See von L'Isle-Jourdain herum. Sie führen mal wieder den Weg zurück, den wir gekommen sind. Irgendwo verlieren sie sich dann. Ich bin verzweifelt. Wie soll ich denn jetzt das Pferd wiederfinden? Die Touristeninformation liegt auf meinem Rückweg, am besten frage ich dort nach der Polizei... Doch was sehe ich da auf der Verkehrsinsel an einen Baum gebunden? Flambo!! Zwar nicht sehr fachmännisch gesichert, das Seil hängt gefährlich auf den Boden durch, aber tollerweise hat ihn irgendwer dort befestigt. Ich stehe vor einem Rätsel.

Von der Touristeninformation aus rufe ich in En Bousquet an. Und bin unendlich dankbar: Sophie wird uns heute Abend mit dem Hänger abholen!!! Jetzt binde ich Flambo aber vor der Herberge an und lasse ihn den ganzen Tag nicht mehr aus den Augen!! So steht er da dann stundenlang, während wir auf den Abend warten. Irgendwann kommt die Gendarmerie an und fragt, was es mit diesem Pferd da auf sich habe. Oje, haben wir was angestellt? Darf hier kein Pferd stehen? Aber sie wollen nur wissen, ob das das Pferd von heute Nacht ist. Wie... heute Nacht? Na, da hätte jemand angerufen und gesagt, es stünde ein Pferd am Fluss angebunden und das wäre schon ganz schmutzig, weil es dauernd hingefallen und beinahe in den Fluss gestürzt wäre. Äh, wie?? Ich erzähle, dass das Pferd heute Morgen weg war. Sie sagen, es gibt hier im Ort eine psychiatrische Einrichtung und da gäbe es öfters so merkwürdige Meldungen. Sie wären heute nacht hingefahren, aber am Fluss wäre kein Pferd gewesen. Das ist also des Rätsels Lö-

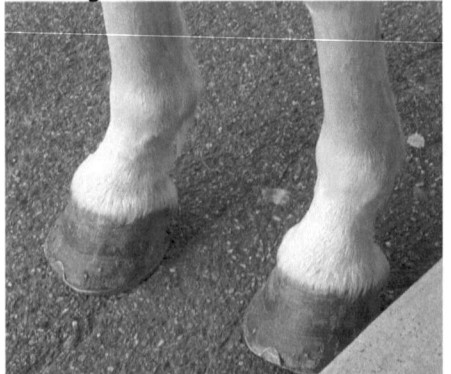

sung! Es wollte eine aus dieser Einrichtung mein Pferd retten, indem sie das Seil vom Baum

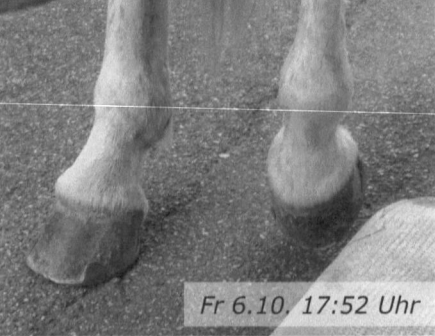

Fr 6.10. 17:52 Uhr

entfernt und mein Pferd befreit hat. Und hingefallen war Flambo natürlich nicht, der hatte sich nachts einfach hingelegt wie immer und lag dann in seinen Pferdeäpfeln, was natürlich Dreckflecken macht. Und um von seinem Baum aus in den Fluss zu fallen, hätte er erstmal auf diesen klettern müssen, sich losbinden, und dann einen Riesen-Sprung machen, am besten direkt vom Baum...

Heute ist noch ein weiterer Pilger hier, er heißt Stefan. Um 20 Uhr kommt Sophie mit dem Hänger, schwupps das Pferd rein und Flambo traut seinen Augen nicht, als er in En Bousquet wieder aus dem Hänger steigt. Er wiehert freudig und die Welt ist für ihn wieder in Ordnung.

Die letzten Tage

Ruhetage • Loubens Lauragais

„Es trat eine große Stille ein." (Mt 8,26)

Samstag, 7. Oktober ✧ Nachdem ich morgens wieder die Tour mit dem Caddy über die Weiden gemacht habe, um die Pferde zu füttern, wird meine Rückreise und alles Weitere geplant. Ich buche den nächstmöglichen günstigen Flug mit einer Discounter-Airline von Toulouse nach Frankfurt-Hahn, benachrichtige meinen Sohn und bespreche alles mit Sophie. Ich kann Flambo bis zum Frühjahr hierlassen und muss auch netterweise nicht die volle Pension bezahlen. Auch abends bin ich mit dem Caddy unterwegs und später esse ich bei Sophie. Sie möchte ein junges Rennpferd verkaufen, das sie aus einer Stute hier gezogen hat. Ich überlege, ob es vielleicht in Deutschland eine Möglichkeit gibt. Ich kenne von meinem Sekretärinnenjob her den Vorsitzenden des Pferderennsportvereins in Mannheim. Werde morgen mal versuchen, die Nummer übers Internet zu finden und Kontakt aufzunehmen.

Sonntag, 8. Oktober ✧ Ich helfe weiter auf dem Hof mit, meditiere und übe mit Flambo Schritt, Trab und Galopp auf der Piste. Diesmal mache ich aber vorher den Ausgang zu! Später unternehme ich noch einen kleinen Schritt-Ausritt mit Tiny, einer der Jugendlichen, um die sich Geneviève kümmert. Und dann schaue ich mir die Internetseite von En Bousquet an und fange an, Verschiedenes auf deutsch zu übersetzen.

Montag, 9. Oktober ✧ Heute möchte ich in Caraman einkaufen gehen, bzw. einkaufen reiten. Das sind ungefähr 7 km, aber ich komme nicht weit. Kaum

**Ein ruhiger Sonntag
in En Bousquet**

So 8.10. 14:08 Uhr

Flambos Koppel - So 8.10. 14:13 Uhr

109

musste ich mal absteigen und Flambo führen, rutscht mir die Satteldecke wieder nach hinten weg und ich verliere sie einfach auf der Straße in Loubens-Lauragais. Gott, ist das peinlich! Das einzig Gute an unserem Ausflug ist, dass mich ein Mann anspricht und nach dem Pferd fragt. Er sagt, er züchte unweit von hier Camarguepferde. Das finde ich interessant und schreibe mir seine Adresse auf, ohne zu wissen, dass wir im nächsten Frühjahr erfahren werden, dass er sozusagen „zur Familie" gehört. Eingekauft habe ich nichts, es war ein kurzer Ausritt. Abends bin ich wieder mit dem Caddy unterwegs.

Dienstag, 10. Oktober ✧ Morgens ist Flambo nicht in auf seiner Koppel. Wir finden ihn bei Jasmine zum Kuscheln. Alle Zäune und Elektrolitzen sind intakt und trotzdem ist er bei sich rausgekommen und bei Jasmine reingekommen. Wie hat er das bloß gemacht?! Heute will mich Sophie auf einen Tagesritt mitnehmen. Sie möchte mit einer ihrer Stuten trainieren und ich bin gespannt, wie Flambo mithält. Die Bordercollie-Hündin kommt mit und auch der Schäferhund schließt sich uns an, obwohl Sophie versucht, ihn zurückzuschicken. Es geht über Wiesen und Felder und durch Wälder. Wir reiten weit draußen auf dem Acker an einem Bauernhof vorbei, wo zwei wütend bellende Hunde auf uns losstürzen und Flambo zu Tode erschrecken. Er scheut, lässt sich aber bändigen. Dabei sind uns die Hunde noch nicht mal besonders nahe gekommen! Sie sind bestimmt noch 50 Meter weg, als sie von ihrer Besitzerin zurückgepfiffen werden. Ein Stück weiter kommt ein langer langer Grasweg. Sophie will hier galoppieren und sagt, sie wird dann am Ende des Weges auf mich warten mit ihrer Galopperstute. Aber das muss sie gar nicht! Meine kleine Schnarchnase hält die ganze Strecke ohne Probleme mit! Wer hätte das gedacht?!

Später machen wir eine Rast im Wald, wo ich mich über die Anbindeweise der Stute wundere: Nur mit so einer Art Bindfaden. Anscheinend geht es darum, dass sie sich am Seil nicht verletzten kann, falls sie scheut, weil das dünne Seil dann reißt. Öhm... - davonlaufen scheint keine Gefahr darzustellen. Hm... Da ist es mir trotzdem lieber, wenn Flambo bombensicher angebunden ist und einfach gelernt hat, eben beim Erschrecken nicht gegen den Anbindestrick zu

Di 10.10. 18:03 Uhr

kämpfen. Das erscheint mir dann doch weniger Verletzungsgefahr, als wenn er in Panik davonläuft und sich dabei irgendwo verletzt. Beim Reiten legt Flambo die ganze Zeit die Ohren an und ich frage mich, warum er so angespannt ist... Nachmittags gehen wir in Auriac-sur-Vendinelle mit den Pferden buchstäblich ins Café: Wasser für die Pferde, ein Kaffee für uns. Ich mühe mich den ganzen Tag mit dem Leichttraben ab. Ich kann viel besser aussitzen, aber will mich vor Sophie nicht blamieren. Die Bordercollie-Hündin ist immer vorneweg, aber der Schäferhund pfeift langsam aus dem letzten Loch. Wir traben über einen Acker, ich schön im Leichttrab, und plötzlich ist das Pferd unter mir weg!! Zack, ich liege im Acker. Flambo rennt noch ein paar Schritte, bleibt dann aber stehen. Was war das denn??? Ich bin total verunsichert, wieso hat er mich denn abgeworfen?? Wollte er mich los sein? Aber wieso bleibt er dann bei mir stehen, immerhin ist es von hier nicht mehr *so* weit bis „nach Hause"? Zum Glück bin ich im Acker gelandet, Schmerzen habe ich (noch) keine.

Di 10.10. 18:25 Uhr

Während des restlichen Ritts überlege ich, was das wohl sein kann... Flambo legt immer noch dauernd die Ohren an und plötzlich wird mir klar, dass es an dem Schäferhund liegt, der so erschöpft ist, dass er sich hinten an uns dranhängt. Das, plus die Tatsache, dass Flambo der Acker sowieso schon suspekt war (es ist der vor dem Bauernhof mit den wütenden Hunden). Er hatte quasi erwartet, von einem Hund angefallen zu werden, und als er „plötzlich" den Schäferhund hinter sich entdeckte, wollte er einfach seine Haut retten. Und das, obwohl er heute schon den ganzen Tag mit zwei Hunden unterwegs gewesen war! In dem Moment hat er sozusagen im Affekt die Hunde verwechselt. Ab dann versuche ich, dafür zu sorgen, dass der Schäferhund nicht direkt hinter uns läuft... Wir kommen um sieben Uhr abends am Hof an, um zehn heute Morgen sind wir losgeritten, waren also neun Stunden unterwegs. Die Bordercollie-Hündin springt auf die Strohballen, als hätte sie heute noch keinen Auslauf bekommen. Der Schäferhund schleppt sich zu Geneviève. Auch ich bin rechtschaffen müde.

Mittwoch, 11. Oktober ✧ Boah, gestern hatte ich zwar keine Schmerzen, aber heute fühle ich mich wie durch die Mangel gedreht: Mir tut *alles* weh! Zur Ablenkung rufe ich in Deutschland an, sie möchten Infos über das Rennpferd. Nachmittags gehe ich mit jemandem vom Hof in Caraman einkaufen und abends ist wieder Pferde füttern dran.

Sophie - Di 10.10. 18:25 Uhr

Donnerstag, 12. Oktober ✧ Flambo ist schon wieder ausgebrochen! Er wandert auf dem Hof herum und hinterlässt Pferdeäpfel, aber er läuft nicht weg. Ich schätze, er fühlt sich einfach nur alleine auf seiner Koppel und sucht Gesellschaft, egal ob Mensch oder Tier. Ich backe einen Kuchen, nachmittags ist mir übel, ich gehe durch die Routine des Pferde-Fütterns, und suche mir danach im Internet meinen genauen „Rückreiseplan" mit den Stationen, Abfahrts- und Ankunftszeiten raus: Toulouse - Montpellier - Frankfurt Hahn – Mannheim. Später schaue ich noch einen Film an.

Freitag, 13. Oktober ✧ Morgens reite ich mit Jasmine auf der Piste die Trainingsrunden. Jetzt ist Zusammenpacken und Aufräumen angesagt. Ein paar Sachen muss ich hierlassen, weil die nicht mit ins Flugzeug dürfen, bzw. zu groß sind: Der Sattel mit Satteldecke, die Tränengaspistole, das Pfefferspray... Aus dem Oberteil der Packtaschen mache ich einen „Koffer".

Dann sitze ich bei Flambo an der Koppel und schaue ihm beim Fressen und Rumstehen zu. Hoffe, er benimmt sich hier gut und macht uns keine Sorgen. Und als ich da so sitze, zeigt er mir, wie er aus der Koppel rauskommt! Zuerst steht er mit den Nüstern an der Elekrolitze ganz nahe dran, so mit ca. einem Zentimeter Abstand, also wollte er daran riechen. Sieht aus, als würde er dösen, die Augen ein bisschen zu, ganz ohne Bewegung. Anscheinend kann man auf die Entfernung schon den Strom spüren, der in Intervallen da durchfließt. Er fühlt wohl nichts, denn er berührt nach einer Weile die Litze mit der Nase ganz leicht und bleibt dann so stehen. Wieder nach einer Weile der Bewegungslosigkeit beißt er sanft in die Litze und hält sie zwischen den hinteren Zähnen fest. Ach, immer noch kein Strom...?! Na dann! Er senkt den Kopf unter der oberen Litze durch und steigt mit den Beinen über die untere Litze drüber und draußen ist er! Einerseits sehr schlau, wie er das macht. Andererseits süß, dass er es einfach so vor mir macht und dann doch wieder nicht sooo schlau... Später dann ein letztes Mal Pferde füttern und Besprechung mit Sophie und Geneviève, um alles Organisatorische soweit zu regeln. Flambo kommt ab jetzt in ein ausbruchsicheres Gehege...

Heimkehr

1.200 km gefahren/geflogen • Loubens Lauragais – Toulouse - Mannheim

„...bis dass ich komme und hole euch in ein Land, wie euer Land ist, ein Land, darin Korn und Most ist, ein Land, darin Brot und Weinberge sind." *(Jes 36,17)*

→ Toulouse / 11:53 h Bhf → Montpellier / 17:55 Fhf → Frankfurt-Hahn / 19:55 h Bus → Mannheim 21:45 h

Freitag, 14. Oktober ✧ Ah, Deutschland! Brot und Weinberge, Korn und Most... Rückfahrt mit gemischten Gefühlen. Bisschen Schiss vor dem Urteil der anderen, es „nicht geschafft zu haben". Ist auch vor mir selber schwierig. Vom Gefühl her stimmt es so, wie es jetzt ist. Freue mich auf Pferdewissen-Verschlingen und Ausritte und Üben und Lernen. Aufs Besser-Gerüstet-Weitermachen. Aufs alles-Organisieren von meiner heimatlichen Basisstation aus. Die Frage ist auch: Was ist *jetzt* mit Tamera? Bin ja dort gar nicht angekommen... Wie kriege ich das jetzt alles unter einen Hut, wo doch so viel nicht anders ist – außer dass ich den Sekretärinnen-Job los bin? Zum Glück ist *doch* alles anders, eben gerade *weil* ich jetzt ja „arbeitslos" bin... Zurückzukommen und alles ist beim Alten... das wäre schlimm. Aber so ist klar: Ab hier geht was Neues los.

In Mannheim holt mich mein Sohn vom Bahnhof ab und wir gehen was essen. Und das ist vorerst das Ende meiner Pilgerfahrt...

Abschiednehmen von Flambo – Fr 13.10. 15:36 Uhr

„So spricht der HERR:

Ihr sollt nicht hinaufziehen ...;

ein Jeglicher gehe wieder heim;

denn das ist von Mir so gefügt worden."

(2. Chr 11,4)

La Gare Matabiau – Fr 14.10. 11:19 Uhr

117

Epilog I

„Ihr gingt in der Irre wie Schafe, aber ihr seid jetzt zurückgekehrt zu dem Hirten und Aufseher eurer Seelen." (1 Petr 2,25)

Es ist Winter ✧ Ich beschäftige mich in Deutschland wieder mit Pferdewissen. Recherchiere im Internet herum, um herauszufinden, wie ich mit Flambo und seinen Schwierigkeiten umgehen muss. Schlussendlich stoße ich auf Parelli Natural Horsemanship und bin fündig geworden. Es gefällt mir, denn bisher wurde mir immer nur gesagt: „Mach dies und das!", und oft wusste ich dann einfach nicht, wie überhaupt. Hier jetzt gibt es eine richtige Schritt-für-Schritt-Anleitung und so fange ich an, mit Perdrix und Première (den beiden Camargue-Stuten von Rudolf und Christine) zu üben. Höchst interessant. Schon bei diesen beiden Pferden ist ein deutlicher Unterschied in der Auffassungsgabe und Motivation zu erkennen. Première z.B. ist eine richtige Schnellmerkerin. Bei Perdrix dauert's meist ein bisschen.

Beim Gestütbuch in Frankreich versuche ich über Flambos Chip-Nummer herauszufinden, woher er kommt. Doch dort heißt es, mit der Nummer könnte ich allerhöchstens den Tierarzt ausfindig machen, der ihn gechipt hat. Jedoch können sie mir diesen nicht nennen und dürften es aus Datenschutzgründen auch dann nicht, wenn sie darüber etwas wüssten. Mein Pferd braucht also Papiere, wenn er überhaupt über die Grenzen kommen soll. Zu seinem Alter gibt es außer seinem Verhalten noch einen Anhaltspunkt: „Pegouse" - der Name, mit dem sie ihn auf dem Reiterhof gerufen haben. Alle Camarguefohlen eines Jahres erhalten nämlich Namen mit dem gleichen Anfangsbuchstaben. Die Namen der Fohlen des Jahres 2001 beginnen mit O, die des Jahres 2002 mit P. So geht es durch das ganze Alphabet, bis es dann wieder mit A beginnt. Auf die Art kann man am Namen eines Camarguepferdes schon ablesen, wie alt es ist. Jedoch glaube ich nicht, dass Flambo genauso alt ist wie Perdrix und Première. Ich hätte auf ein bisschen älter getippt. Nichtsdestotrotz braucht er aber auf jeden Fall neue Papiere, auf denen dann auch seine Chip-Nummer steht. Da er keinen

Brand hat, würde er als „Cheval de Selle" eingestuft, was einfach „Reitpferd" bedeutet. Leider würde „Camargue" also nicht in seinem Equidenpass auftauchen. Das Gute daran ist, dass ich ihm nun offiziell den Namen „Flambo" in seinen Pass eintragen lassen kann. Das werde ich dann im Frühjahr machen lassen, damit Sophie und Geneviève keine Scherereien bekommen.

Die Nachrichten über ihn sind bedenklich. Er verwildert mehr und mehr. Laut der Telefonate mit den beiden ist er zwar weiterhin freundlich und an Gesellschaft interessiert. Solange man ihn streichelt, ist es gut, das lässt er auch gerne zu, aber wenn man ihm ein Halfter überstreifen will, reißt er sich los und rennt weg. Er lässt sich nicht mehr einfangen! Außerdem bricht er immer wieder aus und läuft auf dem Hof rum und macht sich dadurch nicht gerade Freunde... Jetzt im Winter kommt er in der Nacht mit in die Boxen, wenn die anderen Pferde vorausgehen. Dann läuft er einfach mit (das konnte er ja immer schon super!). War das diese Tendenz, die ich schon von Anfang an bei ihm bemerkt hatte, die ich aber durch meine „Join-Up-Gewohnheit" ganz automatisch im Griff hatte? Diese kurze Geste des Sich-Wegdrehens, die aber jedesmal sofort mit meinem ihn-Wegscheuchen unterbrochen wurde? Anscheinend hat sich genau das nun so richtig zum Problem ausgewachsen. Hm... und... ihr erinnert euch an die Weide bei Max in Le Grau du Roi? Zitat erstes Kapitel: „Das einzige [Pferd], das in meiner „Preisklasse" liegt, hat den Nachteil, dass es sich nicht einfangen lässt." Sollte... hm... sollte der schlaue Max es wirklich so gedeichselt haben, dass ich am Ende genau dieses Pferd gekauft habe??! ...Pferdehändler und Autoverkäufer, tja ja...

Wenn ich vor Ort wäre, könnte ich Flambo einfach per Join-up wieder zähmen, aber ich bin nicht vor Ort! Und er müsste mal die Hufe gemacht bekommen...

Es ist Frühling ✧ Jetzt wird es dringend mit dem Hufe-machen. Flambos Hufeisen waren vor dem Winter abgenommen worden und er müsste nun neu beschlagen werden, bzw. würde ich am liebsten Trotters (Kunststoffeisen) benutzen.[*] Flambo lässt sich weiterhin nicht einfangen und ich bespreche das am Telefon mit Sophie und Geneviève. Sie schlagen vor, so einen „Pferdeflüsterer" zu engagieren, damit der ihn einfängt und er dann wenigstens mal ein Halfter anhat. Der Mann wird anscheinend ein Join Up machen, so wie ich es verstehe (in Frankreich heißt das anders). Blöd, dass ich das nicht machen kann, weil ich nicht dort bin. Wenigstens macht er es für einen einigermaßen günstigen Preis - Am Ende hat es ihn zwei Stunden Arbeit gekostet, bis er Flambo das Halfter anziehen konnte!

Flambo hat nun zwar ein Halfter an, aber ich stehe trotzdem schon wieder vor der Frage, wie es weitergehen soll, denn mein Plan wird so nicht funktionieren. Wie soll ich Pilgern gehen, mit einem Pferd, das sich selbst einen ganzen Winter lang auf Weglaufen trainiert hat?!! Es ist ein Hin und Her. Die gleichen Abwägungen wie schon damals in L'Isle-Jourdain. Transport ist viel zu teuer, hier in Deutschland wollte ich nie ein Pferd haben, etc. Dort verkaufen? Wie soll das gehen, wenn ich nicht dort bin und sowieso: Ein Pferd, das sich nicht einfangen lässt? ...Schlachter? Ich teile meine Sorgen mit Rudolf und Christine. Sie haben das ganze Hin und Her ja von Anfang an mitbekommen und mir bei der Organisation meiner Pilgertour geholfen. Seitdem bin ich öfter bei ihnen im Stall gewesen. Bei Rudolf stehen ein paar Pensionspferde in einer Offenstallherde. Extrem oft bin ich nicht dort, denn es sind von Mannheim aus 42 km mit dem Auto zu fahren. Aber ab und zu bin ich dort, übe Parelli mit den Camarguestuten oder reite mit aus: auf Benjamin, dem schwarzen Isländer, Bluna, der Fijordstute, Sharif, Christines „englischem Reitpony" oder auch Perdrix oder Première, den

---

[*] Heute (sieben Jahre später) während ich das schreibe, frage ich mich, ob Flambos Hufe wirklich sechs Monate lang nicht gerichtet wurden?! Ich würde das ja heute keinem Pferd mehr antun, spätestens alle sechs Wochen sind sie dran, egal ob Barhufer oder Eisen!

Camarguestuten. Dass ich Rudolf und Christine damals in der Camargue kennengelernt hatte, ist direkt eine Fügung des Schicksals, bzw. ein Geschenk des Himmels...

Nun gut, Rudolf und Christine fühlen also mit mir und nach ein paar Tagen macht mir Rudolf den Vorschlag, zusammen mit dem Pferdehänger runterzufahren und Flambo zu holen. Er kann noch einen Platz für ihn als Pensionspferd in der Nähe der beiden Camarguestuten, die auf einer kleinen Weide im Dorf sind, schaffen. Für die Hängerfahrt müsste ich nicht den normalen Preis bezahlen, sondern nur die gesamten Benzin-, Öl- und Unterbringungskosten. Na, wenn das kein Angebot ist! Dennoch brauche ich ein bisschen Bedenkzeit, denn – wie gesagt – ich wollte eigentlich aus Flambo kein unterbeschäftigtes „Freizeitpferd" machen. Mein Gefühl – oder meine innere Stimme – stimmt dem Vorschlag aber schnell zu. So laufen plötzlich also ganz andere Vorbereitungen: Pilgern wird erstmal abgebrochen, Flambo wird „nach Hause" geholt...

1.130 km • Mannheim – Loubens-Loragais

„Ich aber will von deiner Macht singen und des Morgens rühmen deine Güte;
denn du bist mir Schutz und Zuflucht in meiner Not." (Ps 59,17)

Freitag, 13. bis Samstag 14. April ✧ „Es ist Freitag, Mühlhausen im Kraichgau. Ich sitze neben Christine im Van, Rudolf fährt, im Rückspiegel sehe ich den Pferdehänger. Wir sind auf dem Weg und es wird gerade dunkel." Ich habe ein Déjà-Vu!! Mit dem Unterschied, dass ich diesmal bei der Reinigung des Hängers mitgeholfen habe und wir schonmal alles für Flambos Ankunft hergerichtet haben. Um 19 Uhr ist Abfahrt, es wird ein langer Trip, weil man mit dem Hänger nicht so schnell fahren kann wie normalerweise. Aber immerhin kann man drin schlafen, der Hänger ist nämlich für diesen Trip mein fahrbares Bett – natürlich nur im stehenden Zustand. Andererseits kommt man auf Frankreichs Autobahnen so flott voran, dass wir am Autobahnkreuz Narbonne glatt vorbeirauschen und schon fast in Spanien sind, als wir es merken. 100 km Umweg... Schließlich erreichen wir gegen 17 Uhr dann endlich En Bousquet.

Da sind wir also und gehen zu Flambos Koppel, die ich schon kenne. Als wir um die Ecke durchs Gebüsch kommen, steht er am Zaun und schaut uns entgegen. Ist das mein Pferd??? Ein grau-braunes Klappergestell von einem Pony mit grauen Rastalocken, die ihm in dicken Würsten vor den Augen und um die Schultern baumeln?! Er lässt sich auch begrüßen, aber als ich ihm den Enterhaken ins Halfter klicken will, reißt er sich los und mir ein Stück vom Daumennagel ab. Aua. Ich blute. Ich kenne ihn wirklich nicht wieder, das hier ist ein Wildpferd...

Rudolf meint, ich solle einfach warten, bis er kommt und ihm dann, ohne das Halfter zu berühren, den Führstrick in den Metallring einhaken. Ich hocke mich also in die Mitte der kleinen Koppel, mache es genau so wie empfohlen und Flambo kommt auch. Kaum eingehakt, macht Rudolf den Zaun auf der anderen Seite auf und wir gehen sofort los, vom Hof weg. Der Plan ist, erstmal eine Weile mit ihm spazieren zu gehen, damit er sich wieder an den Umgang mit Menschen gewöhnt. Kaum sind wir draußen, erschreckt er mich damit, dass er versucht, sich loszureißen, um sich dann zum Fressen ins hohe Gras zu stürzen. Ich drücke Rudolf den Führstrick in die Hand, das hier geht über meine Fähigkeiten. Flambo hat seine guten Manieren anscheinend komplett abgelegt. Beim Spazierengehen müssen wir aufpassen, dass niemand seitlich hinter ihm oder hinter seinem Schweif geht, weil er dann nämlich Tritte androht: Ohren anlegen und die Hinterhand auf einen richten... Ansonsten geht alles soweit gut, zum Glück hab ich Rudolf dabei, alleine hätte ich mich das nicht getraut. Wir wiegen ihn sogar, denn dort oben gibt es in einem kleinen Häuschen eine alte Viehwaage. Flambo wiegt 360 kg. Jetzt im Nachhinein wundere ich mich, dass er da überhaupt reingegangen ist – vor engen Räumen scheint er weiterhin keine sonderliche Angst zu haben.

Nach einer Weile kommen wir wieder am Hof an und stellen ihn in eine „Box" in einem etwas abseits gelegenen kleinen Steingebäude. Ich striegele ihm den Schlamm aus dem Fell, und muss total aufpassen, dass ich nicht hinter ihm vorbeigehe, weil er mir nämlich wieder mit der Hinterhand droht. Wenigstens beißt er nicht... Für Nicht-Pferde-Auskenner: Die Hinterhand sind die Hinterbeine, und

Sa 14.4.. 18:21 Uhr – Flambo nach der ersten Waschung...

Drei Monate später:
Erste Ausflüge

damit drohen heißt, ein Pferd dreht dir demonstrativ den Hintern zu, bevor es auskeilt, um dir eins (oder zwei...) mit den Hinterhufen reinzukicken.

Sonntag 15. April ✧ Nach der Nacht auf der Koppel geht es morgens weiter mit Flambos an-den-Menschen-Gewöhnungskur. Wir gehen wieder spazieren und wir machen auch das Join Up im Round Pen. Mal Rudolf, mal ich, bis sich Flambo von alleine an uns anschließt und jede Wendung ohne Führstrick mitläuft. Das wird wieder...

Danach haben wir frei und Rudolf möchte gerne den Camargue-Züchter besuchen, der mir im letzten Jahr hier im Dorf nebenan über den Weg gelaufen ist. Zum Glück hatte ich mir beim Pilgern immer wieder die Adressen und Telefonnummern aufgeschrieben, so ist es also nicht schwierig, ihn ausfindig zu machen: Wir sollen einfach mal vorbeikommen. Laurent Prenat lebt hier zwischen grünen Hügeln mit seiner Familie, einem dreibeinigen Hund und zwei Pferdeherden. Die eine davon besteht aus seinem Camargue-Hengst und ein paar Camargue-Stuten mit ihren Fohlen, die andere Herde aus dem spanischen Hengst und zwei dazugehörigen spanischen Stuten.

Zuerst zeigt er uns mit seiner Frau zwei junge Camargue-Pferde, die direkt am Haus auf einer kleinen Koppel stehen. Natürlich kommt die Sprache auch darauf, dass wir Camargue-Pferde haben, und das wiederum führt zu der Frage, wo wir gekauft haben. Ach... Lillamand... ach! Perdrix und Première...! Die Beiden sind ihm gleich ein Begriff, denn die Mutter von Perdrix steht nun hier bei ihm. Hey, da gehören wir ja direkt zur Familie!!

Dann fahren wir weiter hinter den nächsten Hügel, wo Laurent und Juliette uns die stolzen Spanier zeigen. Der wunderschöne, graue Hengst kommt gleich zu uns, er ist total menschenbezogen und anhänglich. Hier wiederum erzählt Laurent uns, dass sein Camargue-Hengst den Spanier vor kurzem beinahe umgebracht hätte. Durch irgendeinen Umstand hätte er die anderen Stuten bemerkt, die er doch gar nicht sehen könne und die weit entfernt von ihm hinter dem anderen Hügel stünden. Er sei aus seiner Weide ausgebrochen, hätte alle möglichen Gebüsche, Zäune, Bäche und Hindernisse überwunden, die Stuten gefunden, den großen spanischen Hengst zusammengeschlagen und die spanischen Stuten zu seiner Herde entführt. Was für eine Aktion! Ich bin beeindruckt – da sieht man mal, wie viel Kampfgeist und Stolz in so einem kleinen Camargue-Kerl stecken kann! Andererseits tut mir der spanische Hengst leid, er ist so schön und lieb! Laurent meinte, er sei halt noch recht jung und könne an Erfahrung nicht mit seinem Camarguehengst mithalten. Jedenfalls hätte er (Laurent) eines Tages bemerkt, dass sich die Camarguestuten-Herde seines Hengstes plötzlich durch zwei Stuten vergrößert hätte.

Wir fahren zurück zum Haus, wo uns Laurent sein Brandeisen zeigt und dann geht es zusammen mit seinem kleinen Töchterchen in die andere Himmelsrichtung zu der Camargue-Herde mit dem Kampfhengst. Mit diesem Hengst fährt er immer wieder in die Camargue, um dort an den Veranstaltungen und Wettbewerben teilzunehmen. Während er uns die Stuten und Fohlen zeigt und wir über all das palavern, sitzt sein ca. 4-jähriges Töchterchen auf dem Hengst. Ich frage ihn, ob das nicht gefährlich ist, so ohne Führstrick und mitten auf der Weide mit Stuten und allem. Nö, ist nicht gefährlich, sagt er, er könne seinem Hengst hundertprozentig vertrauen. Das finde ich in der Camargue, bzw. bei den Camargue-Pferden sowieso immer ganz erstaunlich, wie gut erzogen die Hengste da sind. Ich habe bisher noch nie gesehen, dass sich bei den Veranstaltungen Hengste angreifen; und allein bei dem Umzug in Arles zum ersten Mai sind bestimmt 200 Pferde dichtgedrängt dabei. Ich bin beeindruckt. Aber dass dieses friedliche Lämmchen den großen Spanier besiegt hat...?!!

Wir erzählen auch von unserer Tour und, dass wir Flambo jetzt nach Deutschland holen. Da bietet Laurent uns an, doch in der Camargue auf seinem Grundstück bei Bernis zu übernachten, welches er immer benutzt, wenn er bei Veranstaltungen mitmacht. Hey, das ist ja ein tolles Angebot!! Damit wäre auch ein Teil des Streckenproblems gelöst, weil Pferde nicht zu viele Stunden im Hänger verbringen sollten!

So 15.4.. – Der Spanische Hengst und seine Stuten

Mugan mit seiner Herde - So 15.4.

CAMARGUE

Das Brandzeichen

Später „zuhause" in En Bousquet kommt nach einem erneuten Spaziergang der nächste Schritt der Pflege- und Wellnesskur: Einerseits schrubben wir den Sattel, der hier über den Winter vor sich hin schimmelte, und andererseits waschen wir Flambo die Rasta-Würste weg. Das ist heikel, weil er ja Angst vorm Wasser hat und außerdem ist es kalt, aber er ist so überrascht über die viele Aufmerksamkeit, die ihm nach dem langen einsamen Winter zuteil wird, dass er gar nicht groß dazukommt sich zu wehren. Mir kommt es fast so vor, als würde es ihm gefallen, so betütelt zu werden. Danach sieht er langsam wieder wie Flambo aus und darf (muss?) nun bis morgen früh in die Box, um all das Erlebte zu verdauen. Zum Übernachten können wir das Auto mit dem Hänger auf En Bousquet stehen lassen, gleich neben Flambos Steingefängnis.

300 km • Loubens-Loragais – Camargue

„Führe meine Söhne heim aus der Ferne, meine Töchter vom Ende der Erde!" (Jes 43, 6)

Montag 16. April ✧ Nach dem Flambo-Putzen und Verabschieden geht es morgens um halb elf ganz schnell: Hänger auf, Pferd rein, Hänger zu und los. Flambo läuft wie immer einfach mit rein. In der Camargue angekommen, finden wir mit Laurent Prenats Grundstück ein so idyllisches Plätzchen vor, wie man es sich nur wünschen kann. Für das Pferd gibt es einen eingezäunten großen Garten mit viel Gebüsch, Bäumen und Gras, für uns genug Platz für Van und Hänger, die mitgebrachte Einrichtung etc. Der Hänger wird saubergemacht, damit ich wieder drin schlafen kann. Flambo steht am Zaun und beobachtet uns, er hat uns wohl als seine Herde adoptiert und möchte nahe bei uns sein. Ein friedlicher Nachmittag geht zu Ende...

900 km • Camargue - Mühlhausen- Mannheim

„Abner aber und seine Männer marschierten die ganze Nacht nach der Jordanebene und überschritten den Jordan und durchzogen die ganze Schlucht und kamen gen Mahanaim." (2 Sam 2,29)

Dienstag 17. April ✧ Nun ist die Stunde der Wahrheit gekommen, denn heute Morgen gilt es, Flambo wieder einzufangen. Immerhin könnte er in dem einge-

Mo 16.4. 15:43 Uhr – Unsere Rast bei Bernis

zäunten Bereich stundenlang davonlaufen... Aber alles kein Problem: Ich rufe, er kommt. Innerhalb von nur 5 Tagen ist er vom Wildpferd wieder zum Haustier geworden. Anscheinend haben wir alles richtig gemacht. Er lässt sich auch wieder manierlich führen, droht nicht mehr mit der Hinterhand, versucht nicht, sich loszureißen. Das einzige, was noch eine Zeitlang blieb, war sein Misstrauen gegen das Halfter und eine gewisse Kopfscheuheit – er lies sich eine Weile lang nur ungern am Kopf berühren. Die Heimfahrt ist zwar lang, geht aber gut und irgendwann nachts sind wir in Mühlhausen, wo Flambo wie zu alten Pilgerzeiten über Nacht an einen Baum gebunden fressen darf, während wir dort bei ihm im Van übernachten. Nach dem Campingfrühstück führe ich ihn zum Bauernhof, wo auch Perdrix und Première stehen. Das ist vielleicht

Les Chevaliers Cathares - Mo 16.4. -11:18 Uhr

ein Hallo und Gewiehere! Wie alte Bekannte, dabei haben sich die Pferde noch nie gesehen... Flambo wird gegenüber in der Scheune einquartiert, und zwar so, dass sie sich gegenseitig sehen können, damit sie sich aneinander gewöhnen. So geht also mein Abenteuer zu Ende. Oder fängt es gerade erst an?!

Flambo/Pegouse   Perdrix und Première

„Und die Ausfuhr der Rosse
für   Salomo   geschah
aus Ägypten; und ein Zug
Handelsleute   des   Königs
holte einen Zug um Geld."

(2. Chronik 1,16)

Epilog II

„Prüft mich doch dadurch, spricht der Herr der Heerscharen, ob ich euch nicht die Fenster des Himmels öffnen und euch Segen bis zum Übermaß ausgießen werde." (Mal 3,10)

Was seither geschah ✧ Das erste, was ich wissen will, als Flambo bei uns ist, ist sein wahres Alter. Also wird eine Tierärztin bestellt, die sich mit Zähnen auskennt, und siehe da: Die Zähne weisen ihn als Herbstpferd aus, geboren im Spätjahr des Jahres 2001. Das bedeutet, dass er ein halbes Jahr älter ist als die beiden Camarguestuten Perdrix und Premiere. Sein Name müsste dann eigentlich mit O anfangen, so wie Ouragan, den mir Firmin verkaufen wollte.

Neben all dem, was ich erfahren und gelernt habe, blieb mir bis zum heutigen Tag jeden Abend die übergroße Dankbarkeit, ein bequemes und warmes Bett zu haben. Wenn man das immer hat, weiß man gar nicht, was für ein Segen das ist!! Mich stört auch beim Reiten kein Regenwetter mehr. Ich weiß ja, dass ich in absehbarer Zeit ein warmes Örtchen zum Trocknen erreichen werde. Und meinem Vorhaben, jeden Tag einmal meine Füße zu waschen, bin ich treu geblieben in allen Lebenslagen!

Als Flambo sich bei uns eingelebt hatte, begann die Zeit des Scheuens und Davonpreschens bei vermeintlichen Gefahren oder auch mal des Durchgehens in Richtung Heimat, wenn wir allein unterwegs waren.

Was deshalb das Pferdeflüstern angeht, bin ich bei Parelli geblieben und habe viel gelernt (Flambo auch!). Zum Beispiel musste ich irgendwann herausfinden, dass mein Pferd überhaupt kein Leistungstyp ist und ich jegliche meiner Ambitionen in dieser Richtung – sei es besonders weit, besonders schön, besonders stolz, besonders hoch etc. - in den Wind schreiben muss. Er wird nie durch Leistung glänzen, seine Qualitäten sind anderer Art. Er ist und bleibt ein unauffälliger, zurückhaltender, freundlicher Geselle, der schnell zum Wildpferd werden würde, wenn man ihn ließe. Das beste, was man aus seinem Charaktertypus herausholen kann, ist das Verlasspferd. Und das ist er trotz Stolpersteinen und mit vielen Höhen und Tiefen inzwischen auch geworden.

Wie es dazu kam und wie weit wir bisher damit gekommen sind?

Jedenfalls nie nach Tamera!

Jakob aber zog seinen Weg;
und es begegneten ihm die Engel Gottes.

Und da er sie sah, sprach er:
Es sind Gottes Heere;

und hieß die Stätte
MAHANAIM.

(1. Mose 32, 2)

Glossar

Pferdekörper:

Barhuf	*Huf ohne Hufeisen*
Beschlag	*Hufeisen*
Vorhand	*Vorteil inkl. Vorderbeine*
Hinterhand	*Hinterteil inkl. Hinterbeine*
Schweif	*Schwanz*
Widerrist	*Wirbelhöcker zwischen Rücken u. Halsansatz*

Reiter:

aussitzen	*Bei jeder Reitgeschwindigkeit im Sattel sitzend mitbewegen.*
leichttraben	*Beim Traben im Takt „aufstehen".*
Chaps	*Waden- oder Beinschützer, meist aus Leder*
Hilfen	*Anweisungen und Signale des Reiters ans Pferd*

Pferdeverhalten:

durchgehen	*Blindlings und panisch rennen*
lahmen	*Hinken*
scheuen	*Erschrecken und zur Seite springen*
steigen	*Sich auf die Hinterbeine stellen.*

Bonusmaterial

Les Chevaliers Cathares...

Die Mitnehmliste / Ausrüstung ....

Pferd: Ausrüstung und Gesundheit ....

Adressen in der Reihenfolge der Kapitel ....

Der Pilgerpass ....

Pilgersegen ....

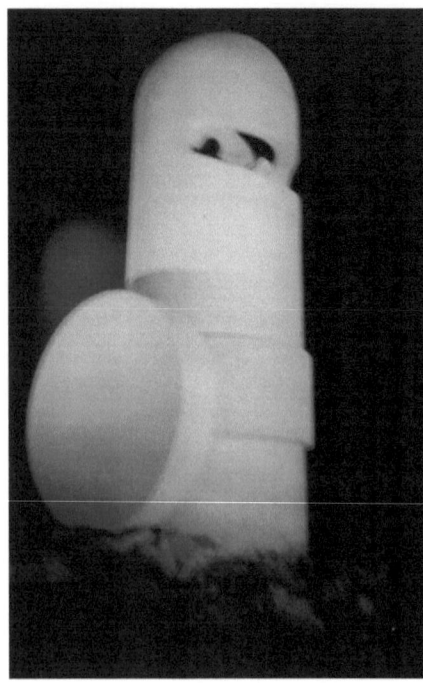

Les Chevaliers Cathares - Die Katharer Ritter
(Francis Cabrel - Übersetzung)

Die Katherer Ritter weinen leise
Am Rand der Autobahn, wenn der Abend kommt
Wie eine letzte Beleidigung, wie eine letzte Pein
Inmitten des Lärms, im Kleid aus Zement.

Die Abgase der Autos, die Kiesel der Kinder;
Die Augen auf den Feldern der Qual
und die Abfälle vor ihnen.
Es ist jemand von jenseits der Loire,
der die Pläne gemacht haben muss:
Er hat auf den Kleidern vergessen
die Flecken von Blut.

Man hat sie gehauen in den Stein
der ihnen den Körper zerschmettert hat,
Die Gesichter im Staub ihres einstigen Schatzes.
Auf dem großen Neonschild
erzählt auch von ihrem Tod!
- Die Ritter der Katharer
denken immer noch daran.

Auch wenn es denen nicht gefällt,
Die entscheiden über Gestern und Heut
sie sind nur 7 Jahrhunderte Geschichte alt
Sie sind noch immer lebendig.
Ich höre noch immer den Lärm der Waffen
und ich sehe immer noch so oft
Flammen an Mauern züngeln
und riesige Massengräber.

Die Katherer Ritter weinen leise
Am Rand der Autobahn,
wenn der Abend kommt
Wie eine letzte Beleidigung
wie eine letzte Pein
inmitten des Lärms,
im Kleid aus Zement.

Dieses Lied wurde von Francis Cabrel live im Juni 1983 auf Montségur vorgetragen: Die Katharer waren eine Religionsgemeinschaft im südlichen Europa des Mittelalters, die verfolgt und vernichtet wurde und Monségur war am 16.03.1244 die letzte große Niederlage der Katharer vor ihrer Ausrottung in Frankreich.

Das Lied bezieht sich auf die Autobahngedenkstätte „Aire de Pech Loubat" an der A61 bei Narbonne Richtung Carcassonne. Sie ist wie eine Mischung aus Steinpark und Friedhof angelegt mit einem Haufen herumliegender Steinkanonenkugeln und mit mächtigen Steinschilden, in die Daten aus der Geschichte der Katharer eingehauen sind. Ganz oben am Anfang des Wegs durch die Steintafeln stehen drei „katharische Ritter": 13 Meter hohe zigarrenförmige Steingebäude (man sieht sie von der Autobahn aus), die gleichzeitig die Ritter sowie ihre Burgen darstellen.

Andere Steinkugeln, mit denen sie durch Ketten verbunden sind, illustrieren ihre Verfolgung und Gefangenschaft. Auch die einzelnen Türen sind wie verschiedene Burgeingänge (Zugbrücke, Burgtor) geformt. Es ist möglich, in den Türmen - den

„Chevaliers Cathares" - die Wendeltreppen hinaufzugehen und die Aussicht zu genießen. Sie schauen in drei Richtungen: vielleicht wichtige Gegenden ihrer Geschichte?

Die Menschen im Süden Frankreichs sprechen auch teilweise noch die Sprache, nach der die Region benannt ist: Das Languedoc = La Langue D'Oc („die Sprache des Okzidents")*

„Soleih d'oc enlusis el eime dels felibres." (Soleil D'Oc ilumine l'âme des fois libres – Sonne des Oc erleuchte die Seele der Freigläubigen)

* Okzident = Abendland

144

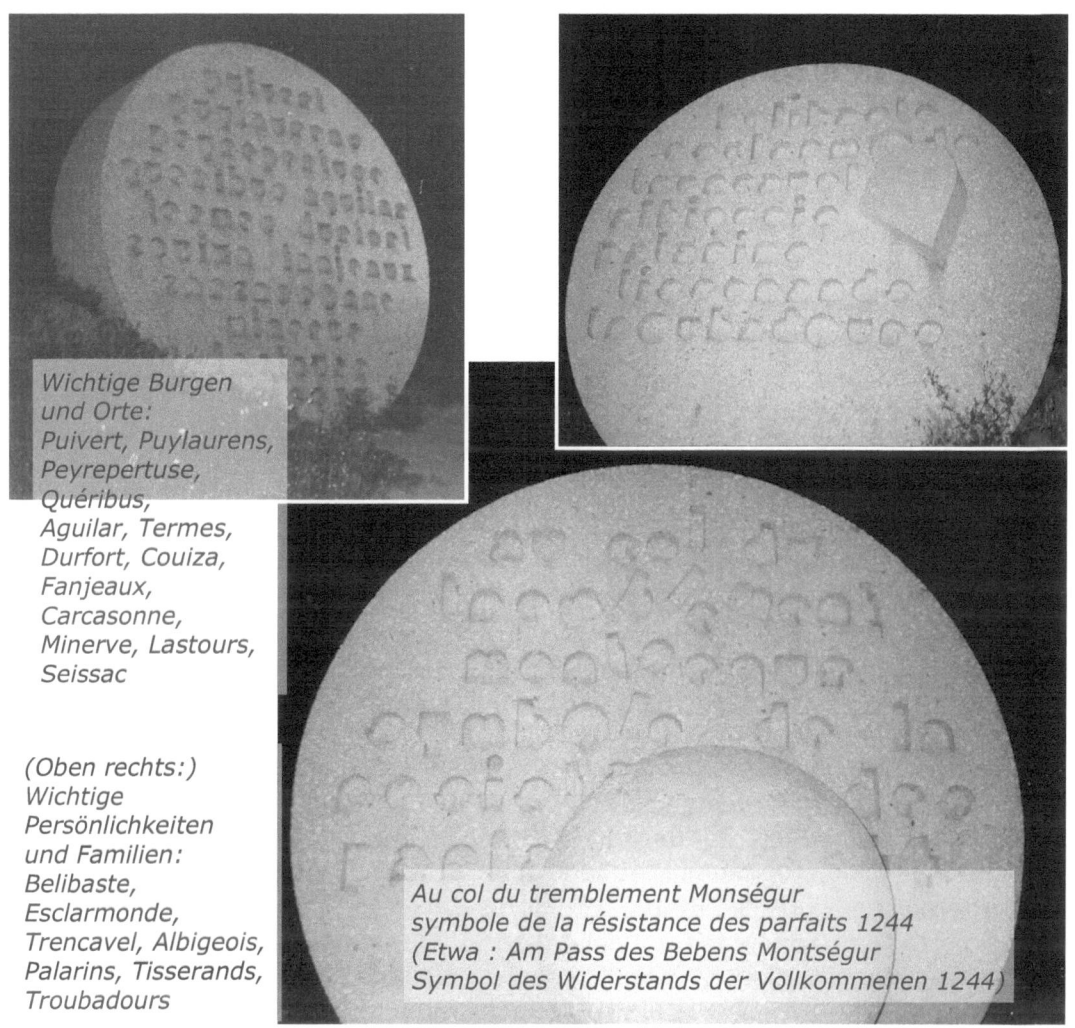

Wichtige Burgen
und Orte:
Puivert, Puylaurens,
Peyrepertuse,
Quéribus,
Aguilar, Termes,
Durfort, Couiza,
Fanjeaux,
Carcasonne,
Minerve, Lastours,
Seissac

(Oben rechts:)
Wichtige
Persönlichkeiten
und Familien:
Belibaste,
Esclarmonde,
Trencavel, Albigeois,
Palarins, Tisserands,
Troubadours

Au col du tremblement Monségur
symbole de la résistance des parfaits 1244
(Etwa : Am Pass des Bebens Montségur
Symbol des Widerstands der Vollkommenen 1244)

Die Mitnehmliste / Ausrüstung

Einer meiner wichtigsten Ausrüstungsgegenstände war „die Weste". Dabei handelt es sich um die Tactical Weste aus Bundeswehrbeständen. Die habe ich mir passend gemacht, indem ich die hinteren Taschen abgenommen habe, weil sie beim Reiten stören. Außerdem habe ich das Ganze etwas umgenäht, weil sie mir zu groß ist (siehe auch die Fotos). Sie leistet mir bei längeren Ritten immer noch sehr gute Dienste – ich ziehe sie über der Jacke an und habe so alles Wichtige sofort greifbar.

Essen/Trinken: Plastikbehälter / kleines Plastikdöschen, Frühstückbeutel + Verschlüsse, Besteck, Blechpott, ~~Kocher und Kochtopf (zurückgeschickt)~~

Schlafen: Minizelt, selbstaufblasende Luftmatratze, Mini-Isomatte, Mini-Schlafsack, 8 AAA-Batterien

Ausrüstung: Band, Schnur, Nähzeug, Klebefilm, Spanner, kurze Schnüre

„Hufnägel": (in einem kleinen Filmdöschen) Sicherheitsnadeln, Hufnägel, Nähnadel, 3 Haarspangen, 4 Stecknadeln

Reisen und Zahlen: Verrechnungsschecks, Scheckheft ADAC, Tränengaspistole, „Geldkatze", Plastik- und Outdoortüten

Gesundheit/Hygiene: Heilerde, Desinfiziertücher, Durchfallmittel, Binden, Tampons, Slipeinlagen, Waschmittel für Handwäsche, Reise-Wäscheleine
<u>Faltkulturtasche:</u> Zahnbürste, Zahnpasta, Brille, Wattepads, Küchenhaken, Slipeinlagen, Körperöl, Seife, Moronal-Salbe, Deostein, Parfüm, Gesichtscreme, Haarfestiger, -spray, -shampoo, -gel, -kur, Rasierer+Rasierschaum, Luffabürste, 2 Handtücher + Lappen / OPC, Vitamin C, Vitamine etc.

Erste Hilfe: kleine Schere, Pflaster, Allergie-, Schmerz-, Schlaftabletten, Isostoma/Iberogast, Jod, Teebaumöl, Augentropfen

Die Weste: Sonnenbrille, Brille, Käppi / Feuerzeug, Tränengas / Zahnseide, Desinfiziertücher / die Handys, Visitenkarten / Bargeld, Schreibblock, Adressblock / Tagebuchnotizblock / Kugelschreiber, Bleistift / Digicam / Ausweis, Kreditkarten, EC-Karte / TANs-Kopie / Auslandskrankenkarte, DJH-Ausweis / aktu-

elle Karte, Pilgerführer, Pilgerpass, Halstuch, Küchenrolle (durchgeschnitten)
<u>kleiner extra Beutel:</u> Nagelklipser, Nagelfeile, kleines Taschenmesser, Pinzette, Kopfschmerztabletten, Anti-Histaminikum / <u>kleiner extra Beutel:</u> USB-Stick, SD-Cards, Uhrenbatterien / Multitool, Fahrradhandschuhe, Handschuhe, Lappen (aus kleingeschnittenem Microfaserhandtuch)

kleine Umhängetasche: Schlafbrille, Ohrstöpsel, MP3-Player, Kopfhörer, Stirnlampe / Zedan, Fensistil-Gel, Sonnencreme, Gelenksalbe, Aloe-Vera-Salbe, Teufelskralle-Salbe, Tampons, Desinfektionswaschgel, Deospray + -tücher

„Freizeit": leerer Block, Karte aus Equidenpass, Wörterlisten Pferd 3 Sprachen, Fernglas, USB-Kabel Digicam, Handyladegerät 2x

Pferd: Kunststoffbeschläge, Hufnägel, Fleece-Decke, USArmyPoncho, Ringelblumenfett, Chaps, Satteltaschen vorne + hinten + „Banane", Vorderzeug, Sattel, Pad und Decke, Sattelgurt, Putzzeug, Falteimer aus Stoff, selbsthaftende Binde

Klamotten:verschließbare Plastikbeutel, Uhr, dünner Wollpulli, dünner Baumwollpulli, 2 Reithosen, Capri-Leggins, Camarguehemd, Outdoor-Windjacke, Pareohose, kurze Hose, Spaghetti-Shirt, Multi-Regenjacke, Regenhose, Wandersandalen, Wanderschuhe, 2x Wandersocken, Einlagen, Gel-Einlagen, U-Hosen, 2 B-Hs, Schlafanzug/Trainingsanzug, Badezeug, großes Halstuch

Reise/Notverpflegung: Kekse oder so, Trockenfrüchte, Kaffeepulver/Milchpulver/Zucker, Wasser(flaschen), Salzstreuer

Organisieren: Pflanzenpflege, Haustiersitting, Vollmacht, Bankingunterlagen und Telefonnummer an Vertrauensperson, Rechnungen überweisen/eingeben, <u>aufschreiben:</u> Online-PINs und Kto.Nr. für Bankverbindung, Internet-Passwörter, Login-Daten für Portale, Pferdehaftpflicht Adresse + Tel.Nr.
<u>Besorgen und so:</u> Bargeld (Abrechnungen!), AAA-Batterien + für DigiCam, Handy-Karten + Codes etc., Auslands-Krankenversicherung, Haustierfutter, Ausrüstung überprüfen und Kaputtes besorgen und ersetzen, Vorträge/Bibel/Hörbücher /Musik auf MP3-Player, Kunststoffbeschläge

am Vortag: Wetter checken, TANs kopieren

Pferd – Ausrüstung und Gesundheit

DIE HUFE

Bevor ich losgepilgert bin, war mir schon klar, dass Metalleisen irgendwie unnatürlich sind und nicht so gut fürs Pferd. Man stelle sich bloß vor, *wir* müssten in Schuhen mit Eisensohlen rumlaufen! Bei jedem Schritt ein Schlag auf die Gelenke. Es erschien mir daher logisch, dass ich für mein Pilgerpferd was anderes wollte. Beim Pferdekauf hatten wir Kunststoffbeschläge der Marke Trotters dabei. Viele Pferde in der Camargue sind Barhufer – d.h. tragen keine Hufeisen. Flambo dagegen war mit Eisen beschlagen, aber nun ist er seit fast einem Jahrzehnt Barhufer. Ziemlich bald, nachdem er in Deutschland war, holte er sich, wahrscheinlich beim Geplänkel mit Stallkollegen durch Verdrehen des Gelenks eine selbstverursachte Gelenkentzündung. Dadurch lahmte[2] er und konnte nicht geritten werden. Als das längere Zeit nicht ausheilte, stieß ich nach einigem Rumsuchen auf die Huforthopädie nach Biernat und lernte wieder einiges hinzu.

Im Huf des Pferdes befindet sich eine ausgeklügelte Mechanik, die dafür sorgt, dass bei jedem Schritt durch die Bewegung des Hufes Blut durch feine Kapillaren gepresst wird. Der Huf ist nämlich trotz seiner Härte kein starres Gebilde, sondern *in sich* beweglich! Es geht also nicht ums Abrollen oder ähnliches, sondern darum, dass bei jedem Abfußen der Huf durch das Gewicht des Pferdes auseinandergedehnt wird. Das sorgt dann einerseits für Durchblutung und Sauerstoffversorgung des Hufes und von dort aus des ganzen Körpers. Ohne Sauerstoff findet in den Zellen kein Stoffwechsel statt, ohne ihn sterben Zellen in sehr kurzer Zeit! Andererseits werden in der Bewegung beim Abfedern durch den beweglichen Huf die Gelenke geschont. Das bedeutet, die Hufe haben außerdem einen Einfluss auf den gesamten Bewegungsapparat des Pferdes. Dieser Einfluss

---

2 Pferdelatein: lahmen = hinken, humpeln. Auch wenn das nur ganz wenig ist, sollte man ein lahmendes Pferd nicht reiten. Wenn ich also in *diesem* Zusammenhang „lahm" schreibe, bedeutet das nicht „langsam", sondern „hinkend".

kann förderlich sein, wenn die Hufe zum Bewegungsapparat passen, oder störend, wenn die Hufe eine ungünstige Form haben oder krank sind. Seitdem ich Flambos Hufe nach einem Biernat-Hufseminar selbst bearbeite, bzw. mich ab und zu vom Fachmann unterstützen lasse, hat Flambo nun jahrelang keine Lahmheiten mehr gehabt.

Letztes Jahr packte mich dann wieder die Abenteuerlust und ich ritt in den Schwarzwald. Da kam die Frage nach dem Beschlag fürs Pferd erneut auf. Flambo hat sehr runde flache Hufe, wie sie für ein Camarguepferd typisch sind. Nach viel Recherche entschied ich mich gegen Kunststoffbeschläge und für Renegade Hufschuhe, die für seine Hufe quasi maßgeschneidert sind. Das war zwar teuer (100,- € pro Schuh!), lohnt sich aber auf Dauer, weil ich die Hufschuhe viele Jahre ohne Folgekosten benutzen kann. Nach ein paar Minuten hatte sich Flambo an die Schuhe gewöhnt. Es hätte noch nicht mal den zweistündigen Proberitt gebraucht, die Dinger saßen von Anfang bis zum Ende wie angegossen. Trotzdem würde ich einen Proberitt empfehlen, damit man sieht, ob man sie richtig angebracht hat und sie nirgendwo scheuern. Beim Wanderritt ging es zwei Wochen lang in allen Gangarten über Stock und Stein, durch Wald, Matsch und Bach... Fazit: Habe keinen verloren, Flambo kommt spitze damit zurecht und ich auch! Super!

Die zufällige Folge des Ritts war, dass es nun über uns einen Internetartikel mit vielen sehr schönen Fotos gibt.

Flambo mit seinen schicken Turnschuhen ✧ Die beiden Fotografinnen Katrin und Sandra erzählen auf LittleBlueBag Geschichten über das Reisen und geben Tipps zum Fotografieren und Filmen. Sie sind „digitale Teilzeitnomadinnen" und fotografieren außer für den Reiseblog auch Hochzeiten oder andere Events. www.littlebluebag.de/pferdewanderin-carmen

Trotters Kunststoffbeschläge ✧ Dagmar Kucher hat als eine der ersten die Kunststoffbeschläge in Deutschland entwickelt und vertrieben: www.trotters.de

Infos und kleines Video über Hufmechanik ✧ Hier ein Video, bei dem man die Beweglichkeit des Hufes gut sehen kann: www.huf.ch/hufmechanik.html

Hufbearbeitung nach Biernat ✧ Auf dieser Website findet man viele Informationen zur Huforthopädie nach Biernat mit Fallbeispielen, Adressen und Terminen für Hufkurse: www.difho.de

Infos über Renegade Hufschuhe ✧ www.renegade-hufschuhe.ch

Adressen und Websites in der Reihenfolge der Kapitel

Pilgerpass
Pfarrgemeinde St. Bonifatius   Tel. +49 (0)621 33 85 10
Friedrich-Ebert-Straße 34   www.kath-neckarstadt-ost.de
68167 Mannheim

Prolog: Es ist Frühling

Fody's Gastronomie und Catering

Fody's in Käfertal	Fody's Fährhaus	Fody's in Ketsch
Auf dem Sand 79	Neckarstr. 62	Durlacher Str. 12
68309 Mannheim	68526 Ladenburg	68775 Ketsch
Fody's in Leimen	Fody's im Zoo	Fody's im Theater
Peter-Disegna-Weg 1	Tiergartenstr. 3	Hebelstr. 12
69181 Leimen	69120 Heidelberg	68161 Mannheim

www.fodys.com

Tamera – Schule und Forschungsstation für konkrete Utopie
Monte do Cerro   Tel.: +351 (0)283 635306
7630 Colos – Portugal   www.tamera.org

1.9. - 4.9. ✧ Pferdekauf ist Vertrauenssache

Erlebnisreiten / Wanderreiten à la Carte
Dina & Peter und Hans Seipp
Mannheimer Str. 210   Tel. +49 (0)621 52 43 08
67071 Ludwigshafen am Rhein   www.erlebnisreiten.de

Manade Nicolas – Sandrine et Fabien Nicolas
10 rue du Flutiau   Tel. +33 (0)4 42 48 46 52
13800 ISTRES – Frankreich   www.manadenicolas.com

Ecurie des Dunes
1745 Route de l'Espiguette
30240 Le Grau du Roi

mobil +33 (0)6 83 07 84 34
www.ecuriedesdunes.com

Ecurie de la Petite Camargue
Route du Grau du Roi
30220 Aigues-Mortes

mobil +33 (0)6 71 04 45 11
www.vendrell-dressage.com

5.9. ✧ „Jetzt geht's los, jetzt geht's los"

Manade Lillamand
Ivan et Sophie Lillamand
Mas de l'Hôpital
13230 Port Saint Louis du Rhône

mobil +33 (0)6 10 77 10 84
manade-lillamand.fr

6.9. ✧ Am Anfang war das Wort...

Ecurie vor Montarnaud
La Prade
34570 Montarnaud

Croix de Felix
Koordinaten: 43°39'12.4"N 3°40'40.8"E
https://goo.gl/maps/rdh2p

7.9. ✧ Unterwassermühlen mahlen langsam

Grotte de Clamouse
BP 1, 34150 Saint-Jean de Fos
Post: BP 08 - 34 150 Aniane

Tel. +33 (0)4 67 57 71 05
www.clamouse.com

Moulins de Brunan
Le Pan / D4
34150 Saint-Guilhem-le-Désert

Koordinaten: 43°43'26.0"N 3°33'04.1"E
https://goo.gl/maps/DU2KZ

8.9. ✧ Wenn alle Stricke reißen

Dorfplatz
Place de la Liberté
34150 St. Guilhem le Désert

9.9. ✧ Das Geisterhaus

Chemin de St. Privat
34150 Arboras

Koordinaten: 43°42'39.4"N 3°28'55.3"E
(vermutlich)

10.9. ✧ The long and winding road

Boulangérie Aniorte
2, rue de la Fontaine
34700 St. Jean de la Blaquière   Tel. +33 (0)4 67 44 76 90

11.9. ✧ Achtzig Meter Elektrozaun

Super U Lodêve
Avenue du General de Gaulle   Tel. +33 (0)4 67 88 42 75
34700 Lodève   www.magasins-u.com/superu-lodeve

12.9. ✧ Vom rechten Weg

Domaine du Moulin (Reiterhof)
Le Moulin   Tel. +33 (0)4 67 44 37 38
34700 Le Puech   www.domaine-du-moulin.fr

13.9. ✧ Dornen und Disteln

14.9. ✧ Die Sintflut

Pilgerherberge St. Gervais sur Mare
Reservierung über Mairie bis 18h   Tel.: +33 (0)4 67 23 60 65
stgervaissurmare.free.fr   mobil 06 84 82 33 51 (Wochenende)

15.9. ✧ Jakobsmuscheln und Stacheldraht

Baumarkt Bédarieux
20 Route de Saint Pons   Tél : +33 (0)4 67 95 10 73
34600 Bédarieux   www.mr-bricolage.fr/?magasin=Bedarieux

<u>La Poste</u>
34 Rue De Castres
34610 St. Gervais sur Mare

16.9. ✧ Ob ich schon wanderte im finstern Tal

<u>Salle Communale Murat-sur-Vèbre</u> (Pilgerherberge)
Rue de la Salle de Fête   Tel. +33 5 63 37 41 16
81320 Murat sur Vèbre   www.murat-sur-vebre.fr

17.9. ✧ Geradenwegs zu den Pilzen...

<u>Boulangérie „d'en haut" Régis Boucher</u>
youtube-Video: „Le boulanger d'en haut"
Rue de la Poterne   Tel. +33 (0)4 67 97 60 74
34330 La Salvetat sur Agout   lasalvetatsuragout.fr

18.9. ✧ Anglès

<u>Pharmacie des Lacs</u>
Esplanade des Troubadours
34330 La Salvetat sur Agout   Tel. +33 (0)4 67 97 60 79

19.9. ✧ Géant

<u>Géant Casino Drive</u> (Einkaufszentrum)
La Pyramide du Siala - Géant Casino Castres
Route de Mazamet
81100 Castres   Tel. +33 (0)5 63 62 04 00

20.9. ✧ Pioch d'Azou

<u>Elevage du Pioch de gaîx</u> (Pferdezucht)
Vincent Cousinie   Tel. +33 (0)9 80 40 15 00
81490 Noailhac   vincentcousinie.fr.gd

154

21.9. ✧ Das Chalet des Künstlers

Puylaurens – Der Schriftzug in „Hecke"
5 Avenue de Castres
81700 Puylaurens   Koordinaten: 43°34'16.1"N 2°00'50.1"E

22.9. ✧ Ein verwunschenes Schloss

Restaurant La Ferme d'en Bouyssou
En Bouissou   Tel. +33 (0)5 63 75 71 88
81470 Maurens-Scopont   enbouyssou.fr

23.9. - 29.9. ✧ L'Ecurie du Bousquet

Ecurie du Bousquet / Geneviève Reumont
En Bousquet   Tel. +33 (0)5 61 83 97 86
31460 Loubens Lauragais   www.ecuriedubousquet.fr

Hippodrôme de la Cepière
1, chemin des Courses   Tel. +33 (0)5 61 49 27 24
31100 Toulouse   hippodrome-toulouse.com

Vétérinaire Dr. Le Fournier (Tierarzt)
Route de Castres
31460 Saussens   Tel. +33 (0)5 61 20 67 21

Phoenix
Place Dupuy
31000 Toulouse   Koordinaten: 43°36'00.2"N 1°27'17.5"E

30.9. ✧ Es geht weiter

Le Breil
31590 Verfeil   Koordinaten: 43°37'24.0"N 1°40'21.9"E

1.10. ✧ In Ulm und um Ulm...

Naherholungsgebiet
31150 Fenouillet

Koordinaten: 43°40'36.1"N 1°22'56.1"E

2.10. ✧ Über die Garonne

Boulangerie La Mie de Pain
2, Chemin de la vielle Côté
31840 Seilh

Tel. +33 (0)5 61 59 51 06
lamiedepain-boulangerie.fr

3.10. ✧ Forêt de Bouconne

Forêt de Bouconne
31820 Pibrac

Koordinaten: 43°38'21.1"N 1°13'24.7"E

Pilgerherberge am Schwimmbad
Kontakt: Office du Tourisme
Place d'Armes
86150 L'Isle-Jourdain

Tel. +33 (0)5 49 48 80 36

Flambos Schlafbaum

Koordinaten: 43°36'54.8"N 1°04'31.6"E

4.10. - 5.10. ✧ Das Jüngste Gericht

Centre Equestre Rond de Guerre (Reiterhof)
Association Hippique l'Isloise
45, Route de Segoufielle
32600 L'Isle Jourdain

Tel. +33 (0)5 62 07 18 08

Restaurant Hostellerie du Lac
Avenue du corps Franc Pommies
Route d'Auch
32600 L'Isle Jourdain

Tel. +33 (0)5 62 07 03 91

Vétérinaire Jean-Marc Oberdorff
Chemin Cohebereau
32600 L'Isle Jourdain   Tel. +33 (0)5 62 07 26 56

6.10. ✧ Ich geb auf

Gendarmerie Nationale
34, Bis route Toulouse
32600 L'Isle Jourdain   Tel. +33 (0)5 62 07 78 80

7.10. - 13.10. ✧ Die letzten Tage

Badischer Rennverein
Turfweg   Tel. +49 (0)621 - 41 60 60
68239 Mannheim   www.badischer-rennverein.de

Sabot Libre / Sophie Sagot
1 rue Fonsaguet   mobil +33 (0)6 12 48 26 18
81110 Arfons   sabotlibre.sopixi.fr

Caraman
31460 Caraman   www.map-france.com/Caraman-31460

Café-Bar
Place de la Halle?
31460 Auriac sur Vendinelle

14.10. ✧ Heimkehr

Gare Matabiau SNCF
80 Boulevard Pierre Semard   Tel. +33 (o)5 61 10 10 00
31000 Toulouse   de.voyages-sncf.com

Aéroport Meditéranée Montpellier
34137 Mauguio   www.montpellier.aeroport.fr

Epilog I: Es ist Winter ✦ Es ist Frühling

<u>Haras Nationaux</u>
SIRE BP3   Tel. +33 (0)5 55 73 83 83
19231 Arnac Pompadur   www.haras-nationaux.fr

<u>Elevage Andres / Prenat</u>
Ferme En Bourrel   Tel. +33 (0)9 60 40 89 39
81470 Algans   www.fermeenbourrel.fr

<u>Parelli Natural Horsemanship</u>
7 Parelli Way   Tel. 970-731-9400
Pagosa Springs, CO 81147   www.parelli.com

Bonusmaterial:

<u>Les Chateaux Cathares</u>:

Puilaurens	Aguilar	Gorges de Galamus
11 140 Lapradelle	11 350 Tuchan	11190 Cubières
+33 (0)4 68 20 65 26	+33 (0)4 68 45 51 00	
Peyrepertuse	Quéribus	Padern
11 350 Duilhac	11 350 Cucugnan	11350 Padern
+33 (0)4 82 53 24 07	+33 (0)4 68 45 03 69	
Puivert	Monségur	Grotte Bethleém
11230 Puivert	09300 Monségur	09400 Ussat-Les-Bains

Pferd – Ausrüstung und Gesundheit
Mein Schwarzwaldritt:

<u>Trotters Kunsstoffbeschläge</u>
Dagmar Kucher
Im Nassen Garten 1   Tel. +49 (0)6509 3 54
54426 Naurath/Wald   www.trotters.de

Tennentaler Gemeinschaften e. V.
Ita-Wegman-Straße 1   Tel. +49 (0)7056 926-0
75392 Deckenpfronn   www.tennental.de

Jean Pierre Godest (und Hedi Sackenreuther)
Kreuzhöfe 2   Tel. +49 (0)7451 62 04 84
72160 Horb- Nordstetten   www.flambeo.de

Reit- und Fahrverein Östringen e.V.
Am Felsenkeller 15   Tel.: +49 (0)7259 83 81
76684 Östringen   www.reitvereinöstringen.de

Farbige Fotos und Infos zum Buch auf:
jakobsweg-nach-tamera.jimdofree.com

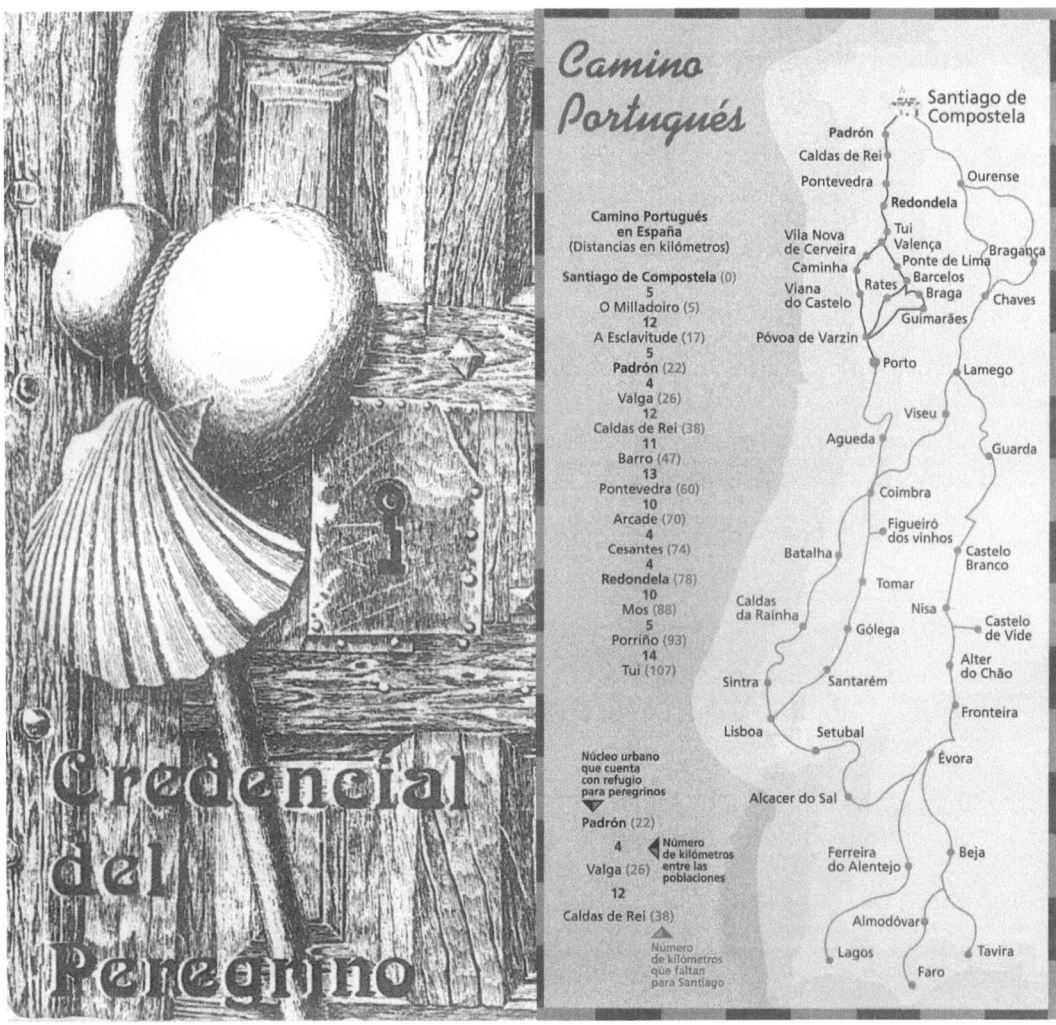

Camino
Portugués

**Camino Portugués
en España**
(Distancias en kilómetros)

Santiago de Compostela (0)
5
O Milladoiro (5)
12
A Esclavitude (17)
5
Padrón (22)
4
Valga (26)
12
Caldas de Rei (38)
11
Barro (47)
13
Pontevedra (60)
10
Arcade (70)
4
Cesantes (74)
4
Redondela (78)
10
Mos (88)
5
Porriño (93)
14
Tui (107)

Núcleo urbano
que cuenta
con refugio
para peregrinos

▼
Padrón (22)
4 ◀ Número
de kilómetros
Valga (26) entre las
poblaciones
12
Caldas de Rei (38)
▲
Número
de kilómetros
que faltan
para Santiago

Santiago de
Compostela

Padrón
Caldas de Rei
Pontevedra
Ourense
Redondela
Tui
Vila Nova Valença
de Cerveira Ponte de Lima Bragança
Caminha Barcelos
Rates
Viana Braga Chaves
do Castelo
Guimarães
Póvoa de Varzin
Porto Lamego
Viseu
Agueda
Guarda
Coimbra
Figueiró
dos vinhos
Batalha Castelo
Branco
Tomar
Caldas Nisa
da Raínha Castelo
Gólega de Vide
Alter
do Chão
Sintra Santarém
Fronteira
Lisboa Setubal
Évora
Alcacer do Sal
Ferreira Beja
do Alentejo
Almodóvar
Lagos Tavira
Faro

Credencial
del
Peregrino

Camino de Santiago

Credencial que expide:

Deutsche St. Jakobus
Gesellschaft e.V.
Tempelhofer Straße 21
D-52068 Aachen

Fecha: _6980/06_
A favor de: _Carmen Reiss_
D.N.I.: _6476197185_

Dirección:
D-68167 Mannheim
Comienza la peregrinación en _1. Sept. 2006_
_____ a Santiago de Compostela:

a pie ☐   en bicicleta ☐   a caballo ☒

En las casillas deberá figurar el sello de cada localidad (al menos uno por día) con la fecha, para acreditar su paso.

"Dios ayuda y Santiago" (D.A.Y.S.I.)

Cumplió la Peregrinación.

Sello:

Santiago, a _____ de _____ de 20 _____

162

Consideraciones necesarias:

❖ Esta credencial es sólo para los **peregrinos a pie, bicicleta** o **a caballo**, que desean hacer la peregrinación con sentido cristiano, aunque sólo sea en actitud de búsqueda. La credencial tiene el objetivo de identificar al peregrino; por eso la Institución que le presenta deberá ser una Parroquia, Cofradía, Asociación de Amigos del Camino de Santiago, etc. **La credencial no genera derechos al peregrino**. Tiene dos finalidades prácticas:

- El acceso a los albergues que ofrece la hospitalidad cristiana del camino, y
- Para solicitar la **"Compostela"** en la Catedral de Santiago, que es la certificación de haber cumplido la peregrinación.

❖ La **"Compostela"** se concede sólo a quien hace la peregrinación con sentido cristiano: *devotionis affectu, voti vel pietatis causa*, **y sólo a los que llegan hasta la tumba del Apóstol, habiendo recorrido al menos los 100 últimos kilómetros a pié o a caballo, o 200 Km en bicicleta.**

❖ La credencial del peregrino, por tanto, sólo puede expedirla la Iglesia a través de sus instituciones propias (Obispado, Parroquia, Cofradía, etc) o autorizadas (Federación de Asociaciones, Asociación de Amigos del Camino de Santiago, etc). Sólo así podrá concederse la **"Compostela"** en la S.A.M.I. Catedral de Santiago (*Jornadas sobre el Año Santo: noviembre 1993*).

❖ Los refugios carecen de subvenciones y deberían mantenerse, dentro de su austeridad, con la colaboración de los peregrinos (limpieza, cuidado de las instalaciones, facilitar el descanso, ayuda económica…)

❖ Los grupos organizados con coche de apoyo o en bicicleta, se ruega que busquen cobijo alternativo distinto de los refugios de peregrinos.

❖ El portador de la presente credencial, acepta estas condiciones.

BENDICIÓN DEL PEREGRINO:

"En nombre de Nuestro Señor Jesucristo, recibe este morral hábito de tu peregrinación para que castigado y enmendado te apresures en llegar a los pies de Santiago, a donde ansías llegar, y para que después de haber hecho el viaje vuelvas al lado nuestro con gozo, con la ayuda de Dios, que vive y reina por todos los siglos Amén.

Recibe este báculo como sustento de la marcha y del trabajo, para el camino de tu peregrinación, para que puedas vencer las catervas del enemigo y llegar seguro a los pies de Santiago y después de hecho el viaje, volver junto a nos con alegría, con la anuencia del mismo Dios, que vive y reina por los siglos de los siglos Amén."

(C. Calixtinus Sermón "Veneranda dies" LI, c XVII)

CREDENCIAL AUTÉNTICA de la Catedral de Santiago y Asociaciones, para todos los peregrinos. Prohibida su reproducción. Imprime: Agencia Gráfica. Dep. Legal: C-618/1989.   Donativo: 0,50 €

Certificación de Paso

Fecha: 7. 8. 06

Fecha: 04/09/06

Fecha:

Fecha:

BOULANGERIE - PATISSERIE
EPICERIE ANIORTE
2, rue de la Fontaine
34700 ST JEAN DE LA BLAQUIERE
04 67 44 76 90

30 800 ST GILLES

Fecha: 04. 09. 06

Fecha: 10/09/06

Fecha: le 4/10/06
Bonne route!

Fecha:

Fecha:

Fecha:

Fecha:

Fecha:

Fecha: 16-09-06

Fecha: 14-09-06

Fecha:

Fecha:

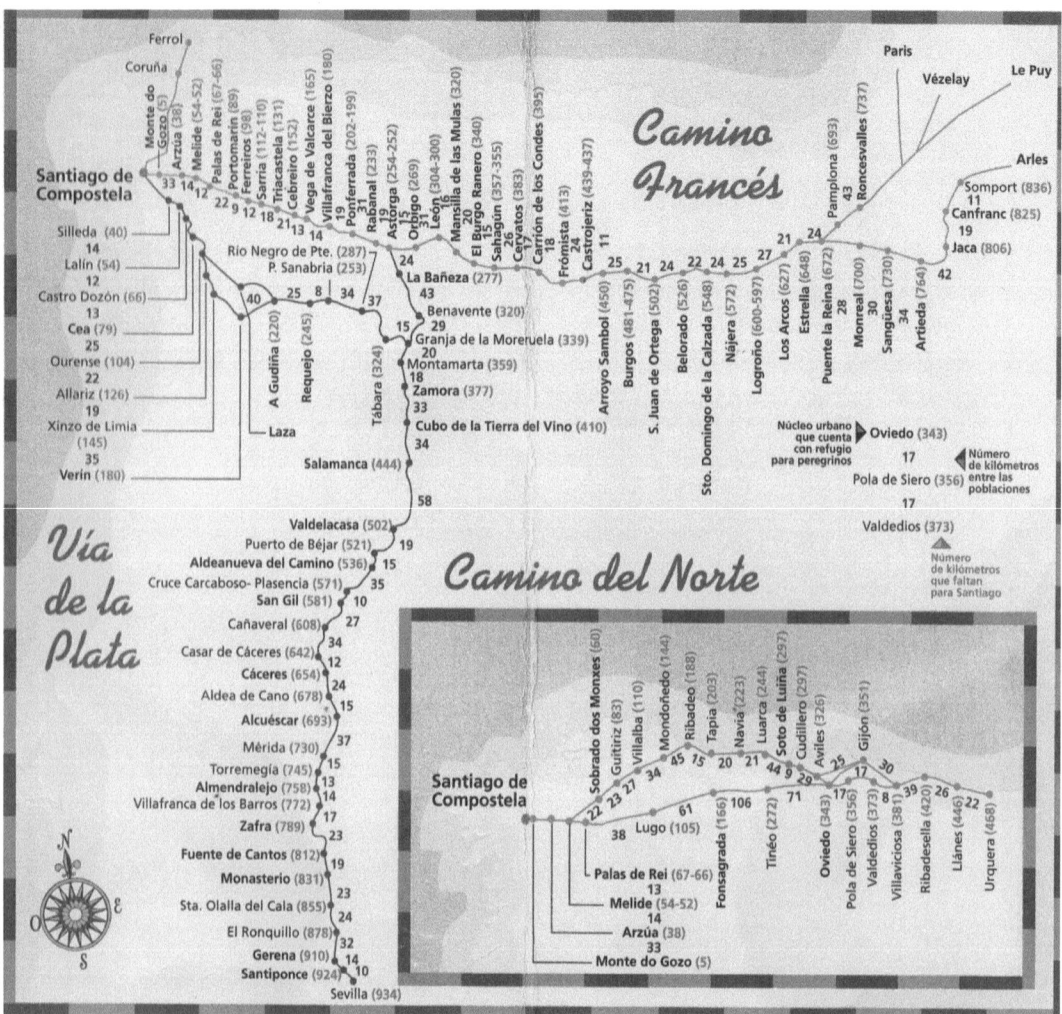

Ferrol
Coruña
Monte do Gozo (5)
Arzúa (38)
Melide (54-52)
Palas de Rei (67-66)
Portomarín (89)
Ferreiros (98)
Sarria (112-110)
Triacastela (131)
Cebreiro (152)
Vega de Valcarce (165)
Villafranca del Bierzo (180)
Ponferrada (202-199)
Rabanal (233)
Astorga (254-252)
Orbigo (269)
León (304-300)
Mansilla de las Mulas (320)
El Burgo Ranero (340)
Sahagún (357-355)
Carrión de los Condes (395)
Frómista (413)
Castrojeriz (439-437)
Arroyo Sambol (450)
Burgos (481-475)
S. Juan de Ortega (502)
Belorado (526)
Sto. Domingo de la Calzada (548)
Nájera (572)
Logroño (600-597)
Los Arcos (627)
Estrella (648)
Puente la Reina (672)
Monreal (700)
Sanguesa (730)
Artieda (764)
Pamplona (693)
Roncesvalles (737)
Paris
Vézelay
Le Puy
Arles
Somport (836)
Canfranc (825)
Jaca (806)

Camino
Francés

Santiago de Compostela

33 14 12 9 12 18 21 13 14 19 31 14 24

Silleda (40)
14
Lalín (54)
12
Castro Dozón (66)
13
Cea (79)
25
Ourense (104)
22
Allariz (126)
19
Xinzo de Limia (145)
35
Verín (180)

Río Negro de Pte. (287)
P. Sanabria (253)
La Bañeza (277)
Benavente (320)
Granja de la Moreruela (339)
Montamarta (359)
Zamora (377)
Cubo de la Tierra del Vino (410)

40 25 8 34 37 15 29 20 18 33 34

A Gudiña (220)
Requejo (245)
Laza
Tábara (324)
Salamanca (444)
58

Núcleo urbano que cuenta con refugio para peregrinos
▶ Oviedo (343)
17
Pola de Siero (356)
17
Número de kilómetros entre las poblaciones

Vía
de la
Plata

Valdelacasa (502)
19
Puerto de Béjar (521)
15
Aldeanueva del Camino (536)
35
Cruce Carcaboso- Plasencia (571)
San Gil (581) 10
Cañaveral (608) 27
34
Casar de Cáceres (642) 12
Cáceres (654)
24
Aldea de Cano (678) 15
Alcuéscar (693)
37
Mérida (730) 15
Torremegía (745) 13
Almendralejo (758) 14
Villafranca de los Barros (772) 17
Zafra (789)
23
Fuente de Cantos (812) 19
Monasterio (831)
23
Sta. Olalla del Cala (855) 24
El Ronquillo (878) 32
Gerena (910) 14
Santiponce (924) 10
Sevilla (934)

Valdedios (373)
Número de kilómetros que faltan para Santiago

Camino del Norte

Santiago de Compostela

Sobrado dos Monxes (60)
Guitiriz (83)
Villalba (110)
Mondoñedo (144)
Ribadeo (188)
Tapia (203)
Navia (223)
Luarca (244)
Soto de Luiña (297)
Cudillero (297)
Aviles (326)
Gijón (351)

22 23 27 34 45 15 20 21 44 9 15 30 25 17 9 17 26 39 8 22
38 Lugo (105) 61 106 71
Fonsagrada (166) Tineo (272) Oviedo (343) Pola de Siero (356) Valdedios (373) Villaviciosa (381) Ribadesella (420) Llánes (446) Urquera (468)

Palas de Rei (67-66)
13
Melide (54-52)
14
Arzúa (38)
33
Monte do Gozo (5)

N
O   E
S

164

Danksagung

Mit dem folgenden Segen möchte ich allen danken, die mir rund um meine Pilgerschaft, auf meinem Weg und rund um dieses Buchprojekt geholfen haben und helfen:

Pilgersegen

Gott, du hast deinen Knecht Abraham auf allen Wegen unversehrt behütet. Du hast die Söhne Israels auf trockenem Pfad mitten durch das Meer geführt. Durch den Stern hast du den Weisen aus dem Morgenland den Weg zu Christus gezeigt. Geleite auch diese hier versammelten Gläubigen auf ihrer Pilgerfahrt. Lass sie deine Gegenwart erfahren, mehre ihren Glauben, stärke ihre Hoffnung und erneuere ihre Liebe. Schütze sie vor allen Gefahren und bewahre sie vor jedem Unfall. Führe sie glücklich ans Ziel ihrer Fahrt und lass sie wieder unversehrt nach Hause zurückkehren. Gewähre ihnen schließlich, dass sie sicher das Ziel ihrer irdischen Pilgerfahrt erreichen und das ewige Heil erlangen.

Darum bitten wir dich durch Christus, unseren Herrn. Amen.